AF315292

LE GUIDE DU MESSAGISTE

OU

INSTRUCTIONS GÉNÉRALES

A L'USAGE

DES EMPLOYÉS DES MESSAGERIES IMPÉRIALES

par

A. HUET

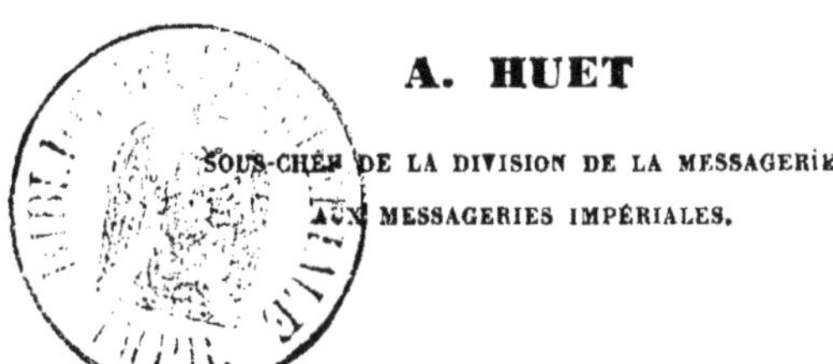

SOUS-CHEF DE LA DIVISION DE LA MESSAGERIE

AUX MESSAGERIES IMPÉRIALES.

———

Prix : 1 fr. 50 c.

———

PARIS

A L'HOTEL DES MESSAGERIES IMPÉRIALES

RUE NOTRE-DAME-DES-VICTOIRES, 28

—

1857

AVANT-PROPOS.

Instruire les nouveaux Employés ; rappeler aux anciens ce qu'ils ont appris par la pratique ; faire connaître à chacun en quoi sa responsabilité se trouve engagée ; enfin, donner à tous quelques conseils utiles : tel est le but de ces Instructions. Loin de nous la pensée que ce but ait été complétement atteint ; aussi réclamons-nous toute l'indulgence de nos lecteurs, qui nous sauront gré, nous l'espérons, de nos efforts.

On objectera peut-être que ce Livre vient trop tard, et que, dans les circonstances actuelles, alors que l'avenir de la Messagerie n'a plus qu'un horizon très-borné, par suite du développement des Chemins de fer, on aurait fort bien pu s'en passer, comme on l'a fait jusqu'à ce jour depuis près d'un siècle. Les personnes qui tiennent ce langage ferment les yeux sur ce qui se passe autour d'elles.

En effet, s'il est vrai que les Chemins de fer aient chassé la Diligence des routes principales qui relient Paris aux villes importantes, ils ne peuvent la remplacer sur les routes secondaires. C'est désormais son lot d'aller chercher les voyageurs et les produits dans l'intérieur des terres, pour les verser dans les convois de Chemins de fer ; et, à mesure que ces derniers s'étendront, on verra s'augmenter le nombre des services de Messageries. La conséquence du développement des premiers n'est-elle pas, en effet, d'accroître le mouvement des voyageurs et des marchandises ? C'est, du reste, un fait bien reconnu dès à présent que, si la longueur des parcours desservis par les Diligences a diminué sensiblement, le nombre des services rayonnant autour des Chemins de fer s'est accru dans une proportion considérable.

On conçoit donc que, dans l'ordre actuel des choses, il faut sans cesse remanier l'organisation des services ; supprimer les uns, en établir d'autres ; créer de nouveaux bureaux ; faire choix de nouveaux Employés, ce qui n'avait pas lieu autrefois, alors qu'un service ne subissait aucune modification pendant plusieurs années consécutives. Or, ces nouveaux Employés ne seront-ils pas bien aises de connaître la manière de travailler adoptée par l'Administration ? Niera-t-on maintenant que ce *Guide* ne soit pas plus utile qu'autrefois ?

L'avenir de l'industrie messagiste est moins borné qu'on ne le croit généralement. Que les Employés des Messageries se rassurent donc : quelles que soient les transformations que subiront les Compagnies qui l'exploitent actuellement, il restera toujours à leur tête, nous l'espérons, quelques-uns de ces habiles Administrateurs qui ont su les maintenir dans un état prospère et qui savent si bien apprécier les bons Employés. Puissent ces instructions, tout incomplètes et imparfaites qu'elles soient, aider ceux qui n'ont pas les connaissances nécessaires en Messagerie à les acquérir.

Décembre 1856.

LE GUIDE DU MESSAGISTE

OU

INSTRUCTIONS GÉNÉRALES

A L'USAGE DES

EMPLOYÉS DES MESSAGERIES IMPÉRIALES.

TITRE Ier.

PRÉLIMINAIRES.

DE L'EXPLOITATION DES MESSAGERIES.

1. L'exploitation des Messageries a pour objet :

Messagerie.

1° Les transports à *grande vitesse*, désignés sous le nom de *Messagerie*, et qui comprennent les transports *des voyageurs, dépêches, colis et finances ; le recouvrement des effets de commerce et les abonnements aux journaux.*

Roulage.

2° Les transports des *marchandises et colis à petite vitesse*, appelés communément transports du *Roulage*.

Nous ne nous occuperons que des transports à grande vitesse dits de Messagerie.

CHAPITRE Ier.

DU SERVICE ADMINISTRATIF.

Conseil d'Administration.

2. Un conseil d'administration décide toutes les affaires et en dirige l'exécution ; toute la correspondance relative à l'exploitation doit être adressée aux Administrateurs.

Secrétariat Général.

3. La correspondance est ouverte au *Secrétariat Général* qui la répartit entre les divers bureaux qu'elle concerne, savoir :

Division de la Messagerie.

4. La *Division de la Messagerie*, qui organise les services et les bureaux, et surveille l'exécution des transports. Tout le personnel du service actif est nommé par elle et est placé sous ses ordres immédiats.

Elle est chargée de présenter à la signature du conseil les traités de relais, de correspondances, de participations ; les baux à loyers, etc.

Elle prépare l'ordonnancement des frais de relais, droit de poste, indemnités, subventions, locations, frais de bureaux, et en général de toutes les dépenses concernant les services.

Division du Roulage.

5. La *Division du Roulage*, dont les attributions sont les mêmes en ce qui concerne les transports de petite vitesse.

Vérification et Tarifs.

6. Le bureau de la *Vérification et des Tarifs*, qui

établit les tarifs et vérifie l'application des taxes et les comptes des Directeurs.

Contrôle et Statistique.

7. Le bureau du *Contrôle* et de la *Statistique*, chargé de contrôler les recettes et les dépenses et d'établir la statistique des routes.

Clientèle.

8. Le bureau de la *Clientèle*, qui traite les conditions de transport avec le commerce et sollicite les ordres des clients.

Réclamations.

9. Le bureau des *Réclamations*, chargé de recevoir les réclamations et d'y faire droit. Il donne suite aux affaires litigieuses.

Contentieux.

10. Le bureau du *Contentieux*, qui poursuit les affaires de procédure, liquide les cautionnements des employés et régit les immeubles de la société.

Ateliers et Matériel.

11. La direction des *Ateliers* et du *Matériel*, chargée de la construction du matériel et de la vérification des pièces de dépense concernant cette partie du service.

Comptabilité générale.

12. Enfin, la *Comptabilité générale*, chargée de l'ordonnancement des recettes et dépenses et de l'établissement des comptes généraux et particuliers.

Service de l'inspection.

13. Le *Service de l'inspection* est réparti entre des Inspecteurs généraux, Inspecteurs des services, Inspec-

teurs des écuries et relais de l'Administration, et un Inspecteur du matériel. Dans quelques villes comme Paris et Lyon il y a aussi des Inspecteurs sédentaires.

CHAPITRE II.

DU SERVICE ACTIF.

14. L'Administration effectue ses transports par voie de terre et par voie de fer. L'expédition régulière, à jour et heure fixes, d'une voiture et son retour au point de départ; de même que l'envoi régulier, à jour et heure fixes, d'articles de Messagerie par chemins de fer, constituent ce qu'on appelle un *service de Messagerie.*

15. Ces expéditions ont lieu généralement tous les jours ou tous les deux jours. Dans le premier cas, le service est dit *journalier;* dans le second, on l'appelle *alternat* ou *demi-service.*

16. Un service se compose de l'*aller* et du *retour;* quelquefois de l'*aller* seulement.

17. Les voitures, sauf de rares exceptions, sont toujours accompagnées par un *Conducteur.* Ces agents accompagnent parfois aussi les services sur chemins de fer.

18. Les départs et les arrivées des services se font dans les *bureaux* que l'Administration entretient dans les principales localités que desservent ses services. Les agents auxquels la direction de ces bureaux est confiée *représentent* l'Administration dans leurs localités. Ils doivent gérer avec soin ses intérêts.

19. Le personnel des bureaux se compose, suivant leur importance, d'un *Directeur* et de *Contrôleurs Surnuméraires*, *Employés auxiliaires*, *Facteurs* et *Aides-Facteurs*.

20. Les Directeurs, Contrôleurs et Surnuméraires sont nommés directement par l'Administration.

21. Le Directeur a la haute main sur son personnel. Il est responsable de toutes les opérations du bureau, sauf son recours contre ses employés.

22. Les Contrôleurs et Surnuméraires sont spécialement affectés au travail des écritures. Ils sont responsables de leurs actes.

23. Ces trois classes d'employés fournissent un cautionnement pour garantie de leur gestion. Ils en conservent le revenu payable par semestre échu.

24. Le cautionnement des Directeurs varie suivant l'importance de leur bureau. Les Directeurs des bureaux peu importants sont dispensés de cette formalité.

Le cautionnement des Contrôleurs et Surnuméraires est de 108 francs de rente 4 1/2 p. 0/0 sur l'État.

25. Les cautionnements doivent être la propriété des employés. Ils doivent toujours être libres de toutes oppositions : tant qu'il en existe, l'employé est suspendu de ses fonctions.

Le cautionnement de tout employé démissionnaire ou révoqué, ou dont l'emploi est supprimé, n'est liquidé qu'après un délai de six mois.

26. Les Employés auxiliaires, les Facteurs et Aides-Facteurs sont au choix des Directeurs, sous l'agrément de l'Administration qui peut prononcer leur renvoi.

1.

Les Auxiliaires sont employés spécialement au travail des écritures.

Les Facteurs et Aides-Facteurs sont affectés au chargement et déchargement des voitures et au transport à domicile des articles de Messagerie et des bagages des voyageurs.

27. Les Employés auxiliaires et les Facteurs, dans les départements, ne fournissent pas de cautionnement. Toutefois, comme les Directeurs sont responsables de ces agents, ils peuvent en exiger pour leur garantie; mais l'Administration n'intervient pas dans cette question, si ce n'est pour recevoir le dépôt du cautionnement, qui peut être fait entre ses mains.

28. Les Directeurs, Contrôleurs et Surnuméraires sont rétribués au moyen d'appointements fixes ou de remises sur les produits de leur bureau, c'est-à-dire sur le montant des places et du port des articles de Messagerie remis par eux aux services (*voir l'art.* 376).

29. Les Auxiliaires, Facteurs et Aides-Facteurs sont payés par les Directeurs au moyen de sommes fixes allouées dans ce but à ces derniers ou au moyen du produit des factages (*voir l'art.* 387). Les Directeurs doivent alors fournir à l'Administration, à la fin de chaque mois, ou de chaque trimestre, selon que s'effectuent les payements, un état portant l'émargement de chacune des parties prenantes, et qui est soumis au visa de l'Inspecteur.

30. Les Directeurs et Contrôleurs qui touchent un traitement de mille francs ou supérieur à mille francs par année, subissent une retenue de 5 p. 0/0 sur leur traitement. Cette retenue est portée au crédit de leur

compte à la Caisse de prévoyance. Tout employé est tenu de se soumettre aux statuts de cette Caisse, dont il lui est remis un exemplaire.

31. Les employés ne peuvent quitter leur poste sans en avoir préalablement obtenu l'autorisation de l'Administration, ou sans qu'il leur ait été accordé un congé. Sous aucun prétexte les Directeurs ne peuvent s'éloigner de leur bureau. Si des affaires personnelles exigent absolument qu'ils s'absentent, ou lorsqu'un *motif sérieux* leur fait désirer de voir les Administrateurs et de conférer avec eux, ils doivent adresser à ce sujet une demande à l'Administration, par écrit, en indiquant la cause qui nécessite leur déplacement, et dans tous les cas ils doivent attendre l'autorisation.

TITRE II.

DES VOYAGEURS.

CHAPITRE Ier.

DES PLACES ET DES BAGAGES.

32. Le transport des voyageurs et des bagages s'effectue par voie de terre seulement, au moyen de voitures dites diligences, de différentes forme et contenance.

33. Ces voitures contiennent des compartiments plus ou moins nombreux que l'on désigne sous le nom de *coupé*, *intérieur*, *rotonde*, *banquette* ou *cabriolet*. Le nombre des places de chaque compartiment varie suivant la forme de la voiture.

34. La banquette d'impériale ne doit recevoir que deux voyageurs. Lorsque la troisième place est occupée par un voyageur, le Conducteur doit se placer sur le siége du postillon (*art.* 24 *du décret du* 10 *août* 1852).

35. Les voyageurs arrêtent leurs places soit à l'avance, soit au moment du départ, soit enfin au passage des voitures dans les bureaux de route. Un voyageur peut prendre plusieurs places pour lui seul : il doit le prix des places qu'il a arrêtées. Un enfant au-dessous de cinq ans, et sur les genoux de la personne qui en prend soin, paye demi-place ; deux enfants payent place entière.

36. Les voyageurs doivent donner des *arrhes* pour garantir leur départ, c'est-à-dire payer un à-compte sur le montant de leurs places. Ces arrhes doivent être de la moitié du prix porté au tarif.

37. Ils reçoivent en échange de cette somme un bulletin indiquant la date et l'heure du départ, la destination du voyageur, le nombre et le numéro des places arrêtées, et le montant des arrhes versées, ainsi qu'il est démontré dans l'exemple qui suit :

BULLETIN D'ARRHES.

DÉPART DE *LYON*   POUR *TURIN*

LE *mardi* 26 *février* 1856, A 6 HEURES DU *soir*.

M. *Lefèvre*   a payé la
somme de *vingt francs*   pour *arrhes*
de *deux*   places nᵒˢ 1 *et* 2   qu'*il*   a
retenues dans *l'intérieur*   pour *Chambéry*.

FAUTE DE SE RENDRE A LADITE HEURE LES ARRHES SERONT PERDUES.

A *Lyon*   le 25 *février*   1856.

Signature du Directeur.

38. Si le voyageur paye entièrement sa place, on l'indique par ces mots : *pour solde*, au lieu de *pour arrhes*.

39. La remise de ce bulletin est obligatoire pour le Directeur, qui ne doit pas attendre qu'on le lui réclame. C'est du reste le seul moyen de rectifier les erreurs qui peuvent se commettre dans l'enregistrement des voyageurs sur la feuille de route, et d'éviter les réclamations.

40. Lorsque le voyageur retient sa place au chemin de fer correspondant avec le service, il doit payer de suite le montant de sa place, et il reçoit en échange un bulletin de correspondance qui est accepté comme argent comptant par le Directeur du bureau de départ.

41. Lorsque la place n'a été assurée à un voyageur que conditionnellement, on doit le mentionner sur le bulletin d'arrhes par le mot *conditionnelle*.

42. Sont responsables du prix des places non payées les agents de l'Administration qui admettent dans les voitures des personnes n'ayant pas donné d'arrhes suffisantes, ou n'ayant pas de bagages d'une valeur qui puisse garantir le prix de leurs places.

43. Les voyageurs peuvent emporter avec eux des bagages ; mais le transport de 30 kilog. accordé gratuitement aux voyageurs est seul obligatoire pour l'Administration. L'excédant pourrait être remis aux départs suivants si la voiture était trop chargée. Toutefois les Directeurs ne doivent user que très rarement de cette faculté, et seulement lorsqu'il n'y a pas possibilité d'agir autrement.

44. Les bagages doivent être apportés au bureau une heure au moins avant l'heure fixée pour le départ de la voiture. Lorsque les voyageurs le demandent, les Facteurs du bureau vont chercher les bagages à domicile. Ils reçoivent en échange de ce travail un pourboire dont le montant est laissé à la générosité des voyageurs ; les Facteurs ne doivent jamais élever de réclamation à ce sujet. Les Directeurs sont invités à exercer une surveillance sévère pour empêcher ces réclamations.

45. *Tous* les bagages doivent être pesés très exactement. On indique à la craie sur chacun des colis la place et le numéro de la place que doit occuper le voyageur. Cette indication se fait de la manière suivante, soit, par exemple, la deuxième place de rotonde : **2** *R.*

46. Les bagages, une fois pesés, sont remis au Conducteur qui en prend la responsabilité et les fait charger sur sa voiture en indiquant au *Facteur chargeur* l'ordre dans lequel ils doivent être placés. Il n'est rien dû aux Facteurs par les voyageurs pour le chargement de leurs bagages. Ce chargement est payé par le Conducteur dans les bureaux importants seulement, conformément aux ordres de l'Administration.

47. Toutes les places d'une voiture ne sont pas toujours laissées à la libre disposition du bureau de départ. Les unes peuvent être réservées à des entreprises correspondantes ou à une gare de chemin de fer ; d'autres, à des bureaux de route d'une certaine importance.

Les bureaux de départ ne doivent donc assurer que le nombre de places laissées à leur disposition et ne donner les autres que conditionnellement. Ces dernières sont assurées définitivement aux voyageurs après l'arrivée des entreprises correspondantes ou du chemin de fer. Toute place donnée en dehors de ces prescriptions engage la responsabilité de l'employé qui la donne.

48. Les bureaux de passage qui ont des places réservées peuvent en disposer à l'avance (*voir l'art.* 47). Ceux qui se trouvent dans le cas contraire doivent attendre l'arrivée de la voiture avant de prendre des engagements. Cela ne les empêche pas de demander des arrhes aux voyageurs contre la remise d'un bulletin conditionnel.

49. L'ordre d'inscription des voyageurs règle leur tour de départ lorsqu'au passage d'une voiture le nombre des voyageurs inscrits se trouve excéder le nombre des places à donner. Toutefois le voyageur dont la destination est la plus éloignée a la préférence sur les autres.

50. Il n'est dans aucun cas permis aux Directeurs de placer dans une voiture plus de voyageurs que la contenance et le laissez-passer ne le comportent.

La loi du 30 mai 1851 et le décret du 10 août 1852, sur la police des voitures publiques, punissant les excédants de voyageurs d'une amende de seize à deux cents francs et d'un emprisonnement de six à dix jours, sans préjudice des poursuites de la **Régie**, en vertu de la loi de 1817, les contraventions et délits constatés entraîneraient pour les agents qui s'en rendraient coupables la responsabilité des condamnations qui interviendraient.

CHAPITRE II.

DE L'ENREGISTREMENT DES VOYAGEURS ET DES BAGAGES.

§ 1er. *Sur l'Agenda-Brouillard.*

51. L'enregistrement ou inscription des voyageurs et des bagages se fait sur un registre dit *agenda-brouillard*.

52. Chaque feuille de ce registre est disposée par colonnes et cases destinées à recevoir les indications suivantes :

1° Le numéro des places dans chaque compartiment ;

2° La destination des voyageurs ;

3° Les portions pour au-delà (*voir l'art.* 62) ;

4° Les sommes payées sur les places et les bagages (*voir l'art.* 61) ;

5° Le nom des voyageurs, le nombre de places arrêtées et la désignation des bagages ;

6° Le poids brut des bagages ;

7° Le poids de l'excédant des bagages à taxer au delà de 30 kilogrammes ;

8° Et en tête de la page, le jour, la date et l'heure du départ et la destination du service.

53. Si un voyageur est remis par une entreprise correspondante, on l'indique sur l'agenda en inscrivant le nom de cette entreprise ; si ce correspondant est le chemin de fer, cette indication se fait par les deux lettres *C. F.*

54. Lorsqu'un voyageur désire faire prendre ses bagages ou se faire prévenir au moment du départ, on doit inscrire son adresse en marge du livre et indiquer par la première lettre de son nom le Facteur chargé d'aller prendre les bagages ou prévenir le voyageur.

55. Dans les bureaux de route, les places ne pouvant être assurées aux voyageurs que conditionnellement et sans désignation de compartiments, les voyageurs doivent être inscrits à la suite les uns des autres avec un numéro d'ordre d'enregistrement et en mentionnant la place qu'ils désirent occuper. Leur tour de départ est réglé conformément à l'art. 49.

56. La même formule de registre sert pour les bureaux de départ et ceux de route. Ces derniers n'ayant généralement que peu de voyageurs à inscrire peuvent utiliser une page pour deux départs.

§ 2. *Sur la Feuille de route.*

57. Le Conducteur qui accompagne la voiture du point de départ à sa destination doit être muni d'une *feuille de route* mentionnant tous les renseignements nécessaires

concernant les voyageurs qu'il est chargé de conduire (*art.* 31, *alinéa* 2, *du décret du* 10 *août* 1852).

En conséquence, une feuille spéciale est destinée à recevoir tous ces renseignements. Le recto de cette feuille est réservé à l'enregistrement des voyageurs au départ, le verso à l'inscription des voyageurs pris en route.

58. Le recto est divisé par colonnes et par cases. Chaque case est destinée à l'enregistrement d'une place. Une seconde division sépare ces cases conformément aux compartiments de la voiture. Le nombre de cases étant calculé sur le nombre de places que contiennent les plus grandes voitures, la même formule de feuille peut servir également pour les voitures d'une contenance moindre.

59. Les différentes colonnes et cases de la feuille doivent recevoir les renseignements suivants :

1° Le numéro de la place ;

2° La destination du voyageur ;

3° Les portions pour au-delà (*voir l'art.* 62) ;

4° Les guides ou pourboires du Conducteur (*voir l'art.* 64) ;

5° Le montant des arrhes ou sommes payées sur les places ;

6° Le port payé sur les excédants de bagages ;

7° Le nom des voyageurs et le nombre de places ; le nombre et la désignation des bagages ;

8° Le poids brut des bagages ;

9° Le poids de l'excédant de bagages à taxer,

10° Le restant dû sur les places ;

11° Le restant dû sur les excédants de bagages ;

12° Les déboursés (*voir l'art.* 63) ;

13° Enfin, le total des sommes dues (*voir l'exemple n° 1*).

60. L'enregistrement des voyageurs sur la feuille est la copie de l'agenda-brouillard, à laquelle on ajoute, d'après le tarif, le restant dû sur la place et le port de l'excédant des bagages (*voir l'art.* 61) lorsque les voyageurs emportent avec eux plus de 30 kilogrammes.

61. Si un voyageur veut payer le port de l'excédant de ses bagages avant de partir, on inscrit la somme reçue dans la colonne 6e et on le mentionne sur le bulletin d'arrhes de cette manière : *Bagages payés,* et la somme reçue.

62. Si le voyageur va plus loin que le point d'arrivée du service et que le bureau ait une ou plusieurs places réservées dans le service qui fait suite, si ce voyageur veut payer sa place jusqu'à son entière destination, le montant du prix revenant au service qui fait suite est porté dans la colonne des portions pour au-delà, colonne 3. Cette manière d'opérer doit être également suivie lorsqu'il s'agit d'un service appartenant à une entreprise correspondante.

63. Si, en sens inverse, ce voyageur est remis par un service correspondant et qu'il n'ait pas payé à ce service ce qu'il reste devoir sur sa place, le montant de ce qu'il doit est remboursé au Conducteur du service qui l'amène et porté dans la colonne des déboursés. Dans ce dernier cas, les Directeurs doivent s'assurer que les voyageurs ont avec eux des bagages suffisants pour répondre du prix de la place et des déboursés. C'est du reste une précaution à prendre à l'égard de tout voyageur; et les Directeurs ne peuvent forcer les Conducteurs à se charger de voyageurs n'offrant pas cette garantie.

64. Il est alloué aux Conducteurs, pour leur salaire, une certaine somme par voyageur qu'ils conduisent (*voir l'art.* 252). Cette rémunération s'appelle guides ou pourboires. On doit l'inscrire sur feuille, en regard du nom du voyageur.

65. La feuille de route porte en tête l'indication du nom du Conducteur, le point de départ et d'arrivée du service, l'heure et la date du départ.

66. Elle porte également un tableau indiquant les places retenues à l'avance au bureau de départ pour les départs suivants. Cette indication fait connaître celles que les bureaux de route peuvent donner à l'avance. Par exemple si, sur la feuille de Bordeaux pour Tarbes du 26 février, le bureau de Bordeaux mentionne que deux places d'intérieur et une de coupé sont retenues à l'avance pour Mont-de-Marsan, au départ du 27 du même mois, le bureau de Mont-de-Marsan est informé par là qu'il descendra à son bureau deux voyageurs d'intérieur et un de coupé, et qu'il peut disposer à l'avance de ces trois places pour Tarbes ou la route.

67. Lorsqu'un voyageur désire se rendre à une destination plus éloignée que celle du service et que le bureau de départ n'a pas de places réservées dans le service qui fait suite, on doit mentionner sur la feuille que le voyageur désire *telle* destination.

(*Tous ces différents cas sont réunis dans l'exemple n° 1.*)

68. Le verso de la feuille est destiné à l'enregistrement des voyageurs pris en route. Il est divisé par colonnes et cases comme le recto, avec cette modification que la première colonne qui, sur le recto, reçoit le numéro des places, est destinée, sur le verso, à l'indication du point de départ du voyageur. En outre, les cases ne sont plus séparées par compartiments ; on y supplée en mentionnant, après le nombre de places occupées, la désignation de ces places (*voir l'exemple n° 2*).

§ 3. *Sur le Registre d'expédition ou sur l'Agenda copie de feuilles.*

69. Lorsque la feuille est achevée on doit en garder copie sur le *registre d'expédition* (*voir l'art.* 101). Cette copie est indispensable pour se conformer à l'article 31 du décret du 10 août 1852 : le registre d'expédition étant coté et paraphé par le maire, tandis que l'agenda-brouillard ne l'est pas. Cette copie, du reste, est nécessaire pour les Directeurs, afin qu'ils puissent établir leur compte de remises. Bien que la disposition des colonnes du registre d'expédition ne soit pas entièrement conforme à celle de la feuille, la copie ne s'en fait pas moins d'une manière exacte et régulière.

70. Dans les bureaux importants, où les écritures concernant les voyageurs et celles qui ont rapport à la Messagerie sont divisées entre plusieurs Contrôleurs qui ne peuvent nécessairement se servir du même registre, la copie de la feuille doit se faire sur un agenda spécial dit *copie de feuilles.* Ce livre doit être coté et paraphé comme celui d'expédition. La disposition des colonnes est conforme à celle de la feuille.

CHAPITRE III.

DU DÉPART ET DE L'ARRIVÉE.

71. Au moment du départ le Conducteur doit donner un reçu, sur le livre d'expédition ou sur l'agenda-copie de feuilles, du nombre de bagages qui lui ont été remis (*voir l'art.* 129).

72. La feuille de route est ensuite remise au Conducteur, qui fait l'appel des voyageurs par ordre de numéros. Le Directeur ou le Contrôleur doit être présent à cet appel.

73. Si un voyageur ne répond pas à l'appel de son nom ou n'arrive pas à temps pour le départ de la voiture, on l'indique sur la feuille de route en mentionnant en regard de son nom les mots : *Manque au départ.*

74. Les bureaux de route doivent s'assurer si le voyageur manquant au départ n'a pas rejoint la voiture, et ils mentionnent l'absence de ce voyageur par la note : *Manque au passage,* placée vis-à-vis de son nom. Si le Conducteur n'a pas la précaution de faire mettre cette note, on doit supposer que le voyageur a rejoint la voiture, et dès lors le Conducteur est responsable du prix de la place.

75. Tout voyageur qui manque le départ perd ses arrhes. Si ses bagages ont été chargés sur la voiture et transportés à destination, il doit payer le prix entier de sa place lorsqu'il vient réclamer ses bagages. Bien que les arrhes soient perdues pour le voyageur, leur montant ne doit pas moins figurer en recette sur la feuille.

76. A l'arrivée de la voiture à sa destination, le Conducteur remet sa feuille entre les mains du Directeur ou du Contrôleur qui règle avec les voyageurs ce qu'ils restent devoir sur le prix de leurs places et de leurs bagages.

77. Chaque voyageur doit émarger la feuille au-dessous de son nom, lorsqu'il a des bagages, pour constater qu'il les a reçus. Cette précaution est de toute nécessité ; elle est tombée en désuétude et il importe de la rétablir. Il doit être expressément défendu aux Facteurs de porter ou de faire porter par des Aides-Facteurs ou commissionnaires aucuns bagages ou articles de voyageurs sans que ceux-ci en aient préalablement acquitté le port et donné la décharge sur la feuille.

78. Les Directeurs doivent s'assurer que tous les bagages arrivant par une voiture ont été pesés et inscrits sur la feuille. Ils doivent procéder très souvent à cette vérification en faisant peser de nouveau les bagages. Toute fraude doit être signalée à l'Administration : omettre de le faire, c'est s'en rendre complice.

79. S'ils reconnaissent que des bagages n'ont pas été inscrits ou que leur poids est plus élevé que celui porté sur la feuille, ils doivent immédiatement les inscrire et taxer l'excédant. Cette vérification est mentionnée de la manière suivante : *Reconnu à l'arrivée au poids de.....* Avis en est donné immédiatement à l'Administration.

80. Si à son arrivée un voyageur n'a pas d'argent pour payer sa place et laisse en garantie ses bagages, on doit reconnaître de suite la valeur des objets laissés en nantissement. Si cette valeur est reconnue suffisante, les objets sont déposés dans un endroit séparé, sous la garde du Facteur, et on indique sur chacun d'eux : 1° la date et le point de départ de la feuille ; 2° le nom du Conducteur ; 3° celui du voyageur ; 4° ce qu'il reste devoir. Si les bagages ne sont pas retirés par les voyageurs, les Directeurs les renvoient au bout de six mois à Paris, pour être vendus, et ils accompagnent ce renvoi d'une note contenant tous les renseignements nécessaires. Si, au contraire, la valeur des bagages n'est pas reconnue suffisante pour garantir la somme due, le Conducteur doit payer le restant dû.

81. Les objets oubliés dans les voitures par les voyageurs doivent être également déposés dans un endroit séparé, avec une note indiquant les mêmes renseignements que pour les bagages laissés en garantie. En *aucun cas* les agents de l'Administration ne doivent s'approprier ces objets, quelque minime qu'en soit la valeur. Ils sont rendus aux voyageurs qui les réclament ou renvoyés à Paris.

82. Tous les bagages laissés en nantissement ainsi que les objets perdus ou oubliés doivent être inscrits sur un registre spécial (*voir l'art.* 416).

CHAPITRE IV.

DE LA FEUILLE DE VISA ET DE CONTRÔLE.

83. Le bureau de départ doit préparer une *feuille de visa et de contrôle* sur laquelle il inscrit l'heure du départ et le nombre des voyageurs partants, en indiquant combien de voyageurs chaque compartiment de la voiture renferme.

84. Cette feuille est divisée par cases. Chacune de

ces cases est réservée à l'un des bureaux de départ, de route et d'arrivée.

85. Les bureaux de route doivent y indiquer avec la plus grande exactitude :

1° L'heure d'arrivée et le nombre de voyageurs ;

2° L'heure de départ et le nombre de voyageurs ;

3° Les retards et les causes des retards;

4° Les motifs qui auraient pu occasionner un séjour plus prolongé que d'ordinaire devant le bureau.

5° Enfin, les accidents qui auraient pu avoir lieu dans le trajet d'un bureau à un autre, en s'entourant des renseignements fournis par le Conducteur ou les voyageurs.

86. Les bureaux d'arrivée doivent particulièrement indiquer les causes des retards lorsqu'il s'en est produit, et mentionner avec beaucoup de soins l'heure d'arrivée et le nombre des voyageurs. (*Exemple n° 3.*)

87. Pour éviter les inexactitudes qui pourraient être signalées dans le visa des bureaux en le comparant au contenu réel des feuilles, les Directeurs et Contrôleurs ne doivent pas s'en rapporter à la simple déclaration du Conducteur ou au visa du bureau qui précède le leur, mais bien vérifier par eux-mêmes le nombre de voyageurs qui se trouve dans la voiture. Cette vérification est indispensable pour prévenir les fraudes beaucoup trop fréquentes, et elle doit se faire à chaque passage des voitures.

88. Les agents de l'Administration qui prennent à cœur ses intérêts doivent s'assurer par tous les moyens possibles qu'il ne se commet pas de fraudes à son préjudice, soit en allant quelquefois au-devant des voitures, examiner si les Conducteurs ne font pas descendre de voyageurs avant d'entrer dans la ville, soit en chargeant de ce soin quelques personnes inconnues des Conducteurs, soit enfin en prenant des renseignements près des agents de l'autorité qui visitent les voitures à leur entrée en ville, tels qu'employés de l'octroi, gendarmes, etc.

89. Lorsqu'un Directeur s'aperçoit qu'un voyageur n'a pas été inscrit sur la feuille, il doit l'enregistrer et taxer sa place dans toute la rigueur du tarif depuis le point de départ du service jusqu'à sa destination. Il le mentionne sur la feuille de visa par une note ainsi conçue : *Reconnu tant de voyageurs non inscrits sur feuille;* et il en avise immédiatement l'Administration.

90. Les feuilles de visas sont remises, au retour des Conducteurs, au Directeur du bureau comptable, qui les transmet à l'Administration tous les deux jours.

TITRE III.

DE LA MESSAGERIE.

91. L'Administration se charge de transporter les colis de toutes natures (*à l'exception de ceux mentionnés aux art.* 93, 94, 95 *et* 99), les finances et les valeurs; elle se charge de recouvrer les effets de commerce et d'encaisser les remboursements grevant certains colis; enfin elle fait les abonnements à tous les journaux de Paris.

L'Administration effectue ces transports par diligences, fourgons ou chemins de fer.

CHAPITRE Ier.

DISPOSITIONS GÉNÉRALES.

§ 1er. *Des articles de Messagerie.*

92. Avant d'accepter le transport d'un colis, les Directeurs doivent s'assurer qu'il est convenablement emballé de façon à pouvoir supporter le voyage; ils doivent examiner s'il ne renferme pas d'objets dont le transport est défendu, soit par les lois et règlements publics, soit par l'Administration elle-même; enfin vérifier si le colis est accompagné des pièces exigées par les douanes, les octrois, ou la police. Ces différentes exceptions et prescriptions sont indiquées aux Directeurs par les art. 93, 94, 95, 96, 97, 98 et 99. Le manque de soins de la part des bureaux dans cet examen pourrait compromettre sérieusement leur responsabilité. C'est principalement lorsque des articles sont remis aux bureaux par des correspondants que cette vérification doit se faire d'une façon minutieuse ; s'ils sont en mauvais état, il faut faire des réserves sur le livre même des correspondants, comme suit : *Reçu en mauvais état ;* mais l'on ne doit pas en refuser le transport, à moins que ces articles ne contiennent des objets faisant partie des exceptions ci-après.

93. L'Administration ne se charge pas du transport de poudre et de certaines matières telles que l'eau-forte, le vitriol, le phosphore, le soufre, etc. Il pourrait en résulter de graves accidents, et la sécurité publique aussi bien que l'intérêt personnel de l'Administration défendent ces sortes de transports.

94. Les Directeurs ne doivent pas se charger de l'expédition hors du territoire français des objets dont l'exportation est prohibée ; de même que les bureaux établis à l'étranger ne doivent pas accepter le transport de colis dont l'importation en France est défendue.

95. L'article 4 de la loi sur la chasse du 3 mai 1844 interdit dans chaque département de mettre en vente, de vendre, acheter, *transporter* et colporter du gibier pendant le temps où la chasse n'est pas permise, et déclare qu'en cas d'infraction à cette disposition le gibier sera saisi et immédiatement livré à l'établissement de bienfaisance le plus voisin. Le paragraphe 4 de l'article 12 de la même loi punit d'une amende de 5 à 200 francs ceux qui en temps où la chasse est défendue auront mis en vente, vendu, acheté, *transporté* ou colporté du gibier. Les Directeurs ne doivent donc se charger d'aucune expédition de ce genre pendant la fermeture de la chasse.

96. Tout objet soumis aux droits d'octroi et de régie doit être présenté à la visite des employés de ces administrations à leur entrée dans les villes. Il est donc nécessaire que les Directeurs exigent des expéditeurs une déclaration exacte du contenu des colis et réclament la remise des pièces telles que congés, acquits à caution qui doivent accompagner le colis. Les expéditeurs sont responsables des fausses déclarations, mais à défaut des expéditeurs cette responsabilité pèse sur le Directeur qui a accepté le colis.

97. Les articles adressés en pays étrangers doivent être accompagnés de deux déclarations : l'une pour les douanes françaises, l'autre nécessaire à l'introduction des marchandises à l'étranger. L'absence de ces pièces peut entraîner des retards, des contraventions, engager la responsabilité des agents de l'Administration près des douanes, et causer en définitive au commerce un préjudice qu'il est facile d'éviter en priant les expéditeurs de faire suivre leurs colis destinés à l'exportation de la double déclaration exigée par les règlements de douane.

98. Il en est de même des colis qui passent en transit sur le territoire français : les Directeurs doivent s'assurer, avant d'en accepter le transport, que toutes les pièces nécessaires leur sont remises.

99. Les Directeurs peuvent refuser l'expédition des objets dont la forme, trop volumineuse, ne permettrait pas de les charger sur les diligences ou sur les fourgons.

100. Les colis doivent porter une adresse, très lisible, indiquant la destination, le nom, la profession et le domicile du destinataire et le nom de l'expéditeur. A défaut d'adresse, il doit y avoir au moins des marques et numéros.

§ 2. *De l'Expédition.*

101. Lorsqu'un Directeur s'est assuré que l'article qui lui est présenté est dans les conditions voulues pour être expédié, il l'enregistre sur un registre dit *livre d'expédition*, en se conformant aux indications de l'adresse, ou, s'il n'y a pas d'adresse, d'une note remise par l'expéditeur.

102. Ce registre est coté et paraphé par le maire (*art. 31 du décret du 10 août 1852*).

103. Chaque feuille de ce livre présente des colonnes et des cases destinées à recevoir les indications suivantes :

En tête : la désignation du service, la date et l'heure du départ;

Puis : le numéro d'enregistrement, en commençant à chaque départ par le n° 1 ;

Les portions pour au-delà (*voir les art. 107 et 108*) ;
La destination ;
Les ports payés ;
Le nom du destinataire, sa profession et son domicile ; le nombre de colis et leur contenu, d'après la déclaration de l'expéditeur ; le nom et l'adresse de ce dernier ;
Le poids ;
Les ports dus ;
Les déboursés (*voir l'art. 110*) ;
Enfin, le total des sommes dues.

104. La taxe du transport s'applique conformément au tarif de la Messagerie ; on y ajoute 10 centimes pour l'enregistrement (*voir l'art. 270*).

105. Lorsque l'article est expédié en port dû, on taxe le prix de transport du colis depuis son point de départ jusqu'à destination (*voir le n° 1 de l'exemple 4*) et cette taxe est portée dans la colonne des ports dus.

106. Si cet article est expédié en port payé, le prix perçu est indiqué à la colonne *Port payé*, et dans ce cas on mentionne du côté des ports dus que le port a été payé, par les lettres **P. P.** (*voir le n° 2 de l'exemple 4*).

107. Si l'expéditeur veut également payer le factage (*voir l'art. 144*), cette seconde taxe est inscrite dans la colonne des portions, et mention est faite que tout est payé de la manière suivante : **P. P.** et **F**^{ge} (*voir le n° 3 de l'exemple 4*).

108. Si l'article est pour une destination plus éloignée que celle du service et que l'expéditeur désire en payer le port jusqu'à sa destination, la taxe à appliquer comprend : 1° le port dû au service ; 2° le passe-debout au bureau d'arrivée (*voir l'art. 150*) ; 3° et le port réservé à l'entreprise ou aux entreprises qui doivent conduire le colis à sa destination, en ayant toujours soin d'ajouter à la taxe un passe-debout toutes les fois que l'article doit changer de service. La première des sommes qui composent cette taxe se porte dans la colonne des ports payés ; la seconde et la troisième dans celle des portions, mais sans les réunir. On mentionne que le port est payé jusqu'à destination, par les mots : **P. P.** et **F**^{ge}, *jusqu'à destination* (*voir le n° 4 de l'exemple 4*).

109. Si le Directeur ne sait pas d'une manière exacte quel port il doit percevoir jusqu'à l'entière destination, lorsqu'il n'a pas de tarifs pour cette destination, il taxe seulement sur la feuille le prix de transport revenant au

premier service, et il ajoute dans le corps de l'enregistrement : *à rendre franco et à reprendre sur le bureau
de*..... Dans ce cas, le bureau d'arrivée du dernier
service se charge d'acheminer l'article et se rembourse
sur le bureau expéditeur des frais de transport jusqu'à
destination (*voir le n° 5 de l'exemple 4*).

110. Si l'article à expédier est remis au bureau par
une entreprise correspondante et que le port soit dû à
cette entreprise, le Directeur en rembourse le montant
qu'il porte dans la colonne des déboursés et qu'il ajoute
au total. Il doit faire mention dans le corps de l'enregistrement de l'Entreprise qui lui remet cet article, de
la manière suivante : *Remise de* (le nom). Si cet article
vient du chemin de fer : *Remise du C. F.* (*voir le n° 6
de l'exemple 4*), *venant de*.....

111. L'article peut arriver au bureau par un autre
service descendant dans le même bureau. On agit, à cet
égard, comme il est dit pour les articles remis par des
correspondants, et l'on indique dans le corps de l'enregistrement l'endroit d'où il est parti, de cette manière :
Venant de..... (*voir le n° 7 de l'exemple 4*).

112. Les articles de peu de valeur, tels que les échantillons et ceux qui peuvent être sujets à dépérissement,
comme certains comestibles, doivent toujours être expédiés en port payé. Cette précaution est surtout nécessaire pour les articles de cette espèce envoyés à des
destinations très-éloignées et dont le transport doit être
effectué par plusieurs services.

113. Les divers enregistrements dont il est question
aux articles 105, 106, 107, 108, 109, 110 et 111 sont
réunis dans *l'exemple n° 4* que les directeurs des petits

bureaux sont engagés à étudier avec soin pour s'y conformer lorsque l'occasion s'en présente.

114. Lorsque l'article est enregistré, on doit remettre à l'expéditeur un bulletin dit *d'enregistrement,* qui mentionne, savoir :

1° La date du départ ;

2° Le point de départ et la destination ;

3° Le numéro d'enregistrement du registre ;

4° Le poids de l'article ;

5° La désignation du colis et son contenu d'après la déclaration de l'expéditeur ;

6° Le nom du destinataire ;

7° Le nom de l'expéditeur ;

Et enfin la signature du Directeur.

L'exemple suivant donne un modèle de ce bulletin, qui doit être fait avec beaucoup de soin.

BULLETIN D'ENREGISTREMENT.

Départ du **26** *février* 1856.

De *Bordeaux* pour *Tarbes.*

Numéro du registre : **1.**

Poids de l'article : **15** *kilog.*

Désignation : *une caisse déclarée contenir de la quincaillerie.*

Destinataire : *M. Jugand.*

Expéditeur : *M. Daniel.*

Signature du Directeur.

115. La remise de ce bulletin à l'expéditeur est obligatoire pour le Directeur, qui ne doit jamais attendre qu'on le lui réclame.

116. Lorsque l'expéditeur est un client habituel de

l'Administration, et qu'il possède un livret spécial sur lequel sont inscrits les articles expédiés par lui, on peut ne pas lui remettre de bulletin ; mais alors on signe son livret immédiatement au-dessous de chaque enregistrement en y mentionnant le numéro et le poids de l'article, et en s'assurant que les autres indications portées sur le livret sont bien conformes à l'adresse du colis. La signature du Directeur sur ce livret engage sa responsabilité.

117. Si l'article est expédié en port payé, on le mentionne également soit sur le bulletin d'enregistrement, soit sur le livret du client, et de la manière suivante, de façon à attirer l'attention.

Port payé
...fr. »

118. Lorsque l'article est remis par un correspondant, on se borne à émarger le livre (*passe-debout*) du correspondant qui le remet, en s'assurant que l'enregistrement est bien conforme à l'adresse du colis.

119. Les notes remises par les expéditeurs pour faciliter l'enregistrement d'un article, ne doivent pas accompagner le colis ; ces notes n'étant pas timbrées, le Directeur contreviendrait à la loi sur les lettres de voiture. Cependant, si l'on désire faire suivre la note, il faut la coller comme seconde adresse sur le colis expédié.

120. Un colis remis par un expéditeur et enregistré sur le livre d'expédition n'appartient plus à ce dernier ; il devient la propriété du destinataire. L'expéditeur ne peut dès lors être admis à le retirer du bureau, et le Directeur ne doit pas s'en dessaisir. Cependant, on peut admettre des exceptions à cette règle : lorsque l'expéditeur est bien connu du Directeur et qu'il offre des garanties suffisantes , s'il a des motifs sérieux de retirer un colis remis par lui avant le départ de la voiture, ce colis peut lui être rendu. Mais ce retrait ne doit être fait que par le chef de la maison lui-même, et non par un commis, garçon de magasin ou domestique, quand bien même le colis aurait été apporté par l'un d'eux. On doit avoir la précaution de faire signer le livre d'expédition, en ayant soin d'y faire ajouter la mention suivante : *Retiré en garantissant les réclamations qui pourraient être élevées par le destinataire.*

121. Lorsque les colis sont enregistrés sur le livre d'expédition, le Facteur en prend charge et les place dans un endroit réservé, en ayant soin de réunir ensemble tous les articles destinés à un même service. Il doit indiquer sur l'adresse de chaque colis, au moyen d'un crayon rouge, le numéro d'enregistrement et le poids de l'article. A partir de ce moment le Facteur devient responsable envers son Directeur des articles qui lui ont été remis jusqu'à la transmission de ces mêmes articles au Conducteur.

122. Lorsque le moment du départ approche, et généralement une heure ou deux avant, suivant l'importance du chargement, le Conducteur procède à la reconnaissance de ses articles. Cette opération nécessite toujours la présence de trois personnes : le Directeur ou le Contrôleur, le Facteur et le Conducteur.

123. Le Directeur ou le Contrôleur appelle par ordre

de numéros les articles enregistrés ; le Facteur les remet au Conducteur qui s'assure qu'ils sont conformes à l'énoncé de l'enregistrement, et il en prend la responsabilité en disant : *Passez.* A ce mot, l'employé qui tient le registre pointe l'article au moyen d'un crayon rouge. Ce pointage se fait par un trait ; s'il s'agit d'un article valeur, on y fait un signe particulier, par exemple, un *V*.

124. La reconnaissance des articles étant ainsi faite, le Conducteur compte le nombre qui lui a été remis, et le Directeur ou le Contrôleur s'assure que ce nombre est bien égal à celui des articles enregistrés ; l'un et l'autre doivent tenir compte des articles valeurs.

125. Le Conducteur procède ensuite au chargement de sa voiture. La surveillance du Directeur doit s'exercer d'une manière toute particulière sur ce chargement. Il doit s'assurer souvent par lui-même qu'il n'y est pas placé d'articles non enregistrés, et, s'il s'aperçoit qu'un colis n'a pas été inscrit, il le fait décharger de suite, peser, enregistrer et taxer dans toute la rigueur du tarif ; et, s'il a lieu de supposer qu'il y a eu fraude, il en avise de suite l'Administration. Les Directeurs doivent également veiller à ce que les articles de Messagerie soient chargés de façon à ne pas éprouver de détérioration pendant le voyage.

126. Pendant le chargement, on doit terminer la transcription des articles sur la feuille de route, travail qui a dû être commencé quelque temps à l'avance pour ne pas retarder le départ de la voiture.

127. Cette feuille doit être la copie exacte du livre d'expédition. Elle présente les mêmes colonnes et cases que ce registre, et elle n'en diffère que parce qu'il se trouve une colonne de plus sur cette feuille, la première, qui est destinée à l'émargement des Directeurs aux points de destination des articles.

128. Il est essentiel d'indiquer sur la feuille, d'une manière très-lisible, le nom, la profession et le domicile du destinataire. Cette formalité est indispensable, surtout lorsque les colis sont dépourvus d'adresse et ne voyagent que sous des marques.

La feuille devant être la copie exacte des enregistrements du livre d'expédition, il est inutile d'en donner ici un exemple (*voir l'exemple n° 4*).

129. La feuille étant terminée, l'employé inscrit, immédiatement après le dernier enregistrement, le nombre d'articles remis au Conducteur, de la manière suivante : *Remis au Conducteur tant d'articles dont tant valeurs, plus tant bagages* ; et il signe la feuille qu'il joint à celle des voyageurs, en la remettant au Conducteur, après y avoir établi son bordereau de compte (*voir l'art.* 319). Puis il se fait donner un reçu sur le livre d'expédition, immédiatement après le dernier enregistrement, des articles qu'il a remis au Conducteur. Ce reçu est fait de la manière suivante : *Reçu tant d'articles dont tant valeurs, plus tant bagages (voir l'art.* 71). En outre, il fait *signer* séparément, par le Conducteur, chacun des articles valeurs qu'il lui a remis.

130. Les articles que le manque de place ne permet pas de charger sur la voiture bien qu'ils soient enregistrés sur la feuille, sont remis au départ suivant, et l'on mentionne sur la feuille et sur le registre : *Resté faute de place*. Au départ suivant, ils sont inscrits de nouveau sur le livre d'expédition et sur la feuille, mais *pour mémoire*, c'est-à-dire qu'au lieu d'appliquer une taxe nouvelle, on met : *Pour mémoire,* en ayant soin d'indiquer dans l'enregistrement la date de la feuille sur laquelle il est porté en produit, le numéro sous lequel il est enregistré et le poids.

§ 3. *De la Réception.*

131. A l'arrivée de la voiture, le Conducteur remet sa feuille entre les mains du Directeur ou du Contrôleur de service, et l'on procède, immédiatement après le règlement des places des voyageurs et la remise des bagages, à la reconnaissance des articles de Messagerie.

132. Cette opération est très-importante, et l'on ne saurait trop appeler l'attention des employés sur les soins à y apporter. Elle exige la présence de trois agents : le Directeur ou son Contrôleur, le Facteur et le Conducteur. Cette reconnaissance se fait de la manière suivante :

Le Directeur appelle les articles en destination de son bureau, le Conducteur les remet au Facteur qui examine si chaque article est conforme à l'énoncé de l'enregistrement et, dans ce cas, il en prend charge en disant : *Passez.* A ce moment, l'employé qui tient la feuille émarge ou pointe, au moyen d'un crayon rouge, l'article qui vient d'être appelé; s'il s'agit d'un article valeur, il y fait un signe distinct, un *V* par exemple. Si un article inscrit sur feuille ne peut être représenté par le Conducteur, il l'indique par le mot : *Manque,* et il fait signer le Conducteur, pour bien constater que cet article n'a pas été représenté par lui.

133. Lorsqu'un article remis par le Conducteur est avarié ou en mauvais état, le bureau doit le mentionner sur la feuille et faire signer cette mention par le Conducteur. L'état dans lequel se trouve le colis est indiqué d'une manière précise.

134. On compte ensuite les articles en tenant note de ceux valeurs, et on mentionne sur feuille le nombre des articles reçus. La responsabilité du Conducteur cesse alors et celle du bureau commence.

135. La reconnaissance des feuilles se fait généralement mal dans les bureaux des départements, et il arrive fréquemment que des articles, même des articles valeurs, ne sont ni signés, ni marqués du mot *manque*. De là des contestations graves entre les Directeurs et les Conducteurs, les premiers déclarant n'avoir pas reçu l'article, les seconds affirmant l'avoir remis.

136. Tout article non revêtu du mot *manque*, mis en marge et signé du Conducteur, doit être considéré comme remis par ce dernier, lors même que le Directeur destinataire n'a point émargé la feuille, *s'il est reconnu qu'il a eu la feuille entre ses mains.*

137. Cette disposition est de toute équité, car la feuille restant entre les mains du Directeur pendant la transmission des articles du Conducteur au Facteur, c'est lui qui doit fixer l'attention sur toutes les différences que présentent les enregistrements sur feuilles avec la reconnaissance faite par le Facteur.

Pour éviter des contestations, toujours très-pénibles puisqu'elles peuvent laisser planer quelques doutes sur la bonne foi d'un agent, il ne faut négliger aucun moyen de constater si tous les articles de la feuille ont bien été remis par le Conducteur au bureau.

Ainsi, lorsqu'un bureau fait la reconnaissance des articles qui lui sont destinés, il doit s'assurer de deux choses : la première, que chacun des articles transmis par le Conducteur au Facteur est bien identique avec un de ceux portés sur la feuille ; la deuxième, que le nombre de ces articles est égal à celui de la feuille. Il est donc important de constater que chacune de ces vérifications a bien été faite. Or, la signature en marge de l'article établit bien que l'article a été reconnu, et dès lors il ne peut plus y avoir de doute sur sa transmission au bureau ; le mot *manque* prouve bien aussi que le bureau ne l'a pas reçu ; mais lorsque rien n'est mis en marge, il est impossible d'affirmer qu'il a été remis au bureau.

Mais si, dans ce cas, en comptant le nombre des articles, on reconnaît par une annotation mise à la fin de la feuille que ce nombre est bien égal à celui des articles portés sur feuille, y compris celui non émargé, il y a présomption qu'il a été remis par le Conducteur, malgré l'omission de tout signe constatant la reconnaissance de son identité. En effet, ou le bureau a reçu un autre article en place, et il doit en justifier, ou, s'il ne le peut, l'article non reconnu est bien l'article omis à la reconnaissance de la feuille.

Il résulte de là que :

1° Tout Directeur doit, outre l'émargement à côté de chaque article, constater à la fin de la feuille le nombre des articles qu'il a reçus, dont tant valeurs ;

2° Lorsqu'un article n'a pas été émargé sur feuille, si le nombre des articles remis est égal à celui que porte la feuille, y compris l'article non émargé, le Directeur est regardé comme l'ayant reçu, à moins qu'il ne justifie d'un autre article que le Conducteur lui aurait remis en sa place ;

3° Si le nombre des articles n'est pas indiqué à la fin de la feuille, le Directeur est responsable de tout article non émargé destiné à son bureau, la double vérification qui lui est prescrite ayant été omise par son fait.

138. On conçoit cependant que ces principes ne peuvent pas être appliqués rigoureusement et indistinctement à tous les bureaux.

139. Les bureaux d'arrivée, qui peuvent faire la reconnaissance de la feuille avec tout le soin convenable, et qui dès lors n'ont pas d'excuse à faire valoir lorsqu'un article en destination de leur bureau n'a été ni émargé, ni revêtu du mot *manque*, puisque la feuille est restée entre leurs mains tout le temps nécessaire, doivent certainement être régis d'après les dispositions qui précèdent.

140. Il n'en peut être de même de certains bureaux de route où la reconnaissance de la feuille se fait avec la plus grande précipitation afin de ne pas retarder la marche du service. Dans certains cas, les Directeurs de ces bureaux peuvent être admis à affirmer n'avoir pas reçu un article non émargé par eux. Aussi, l'Administration se réserve-t-elle d'apprécier les circonstances dans lesquelles se fait la reconnaissance des articles dans les bureaux de route, et d'appliquer ces divers principes d'après son appréciation.

141. Tous les articles enregistrés sur la feuille doivent être inscrits sur différents registres avant d'être remis aux destinataires. Cette transcription doit être la copie

exacte de la feuille; la taxe seule est augmentée d'un certain droit, comme on le verra plus loin.

Ces divers registres sont :

1° *Le livre facteur de ville;*

2° *Le livre passe-debout;*

3° *Le livre bureau restant;*

4° *Le livre maison.*

142. Dans les bureaux d'une certaine importance, au fur et à mesure que les articles sont appelés, l'employé qui tient la feuille doit indiquer par un signe sur quel livre ils doivent être inscrits; soit, par exemple : par un *F* pour le livre facteur de ville, *P D* pour le passe-debout; *B R* pour le bureau restant, et un *M* pour le livre maison.

143. Le *livre facteur de ville* reçoit tous les articles en destination de la ville. Lorsque plusieurs facteurs font chacun un quartier de la ville, il doit y avoir autant de livres facteurs que de quartiers. Tous les articles pour des destinataires habitant le même quartier sont inscrits sur le même registre.

144. La transcription des articles de la feuille sur le livre facteur de ville se fait de la manière suivante :

On commence par indiquer sur le livre la feuille sur laquelle sont inscrits les articles. Cette indication se fait comme suit :

> *Feuille de........... pour.......*
> *du................ 185.....*
> *arrivée du.............*

Puis on enregistre chaque article en copiant textuellement la feuille et en indiquant l'endroit d'où est parti cet article, comme suit : *Venant de..... (voir le n° 2 de l'exemple* 5). On ajoute à la taxe un droit dit de *factage,* conformément au tarif (*voir l'art.* 272). Ce factage varie suivant le poids ou la valeur de l'article.

145. Si l'article arrive en port payé et que le factage le soit aussi, le montant de ce factage est porté dans la colonne du factage, mais entre deux traits (*voir le n° 26 de l'exemple* 5), pour indiquer que cette somme n'est pas due par le destinataire, et afin cependant qu'elle soit comprise dans l'addition du produit des factages du bureau (*voir l'art.* 389).

146. Le Facteur ou les Facteurs chargés de remettre les articles à domicile reconnaissent leurs articles au moment de commencer leur tournée. A leur retour, ils doivent rapporter leur livre émargé par *le destinataire réel,* afin de constater que l'article lui a bien été remis, ou représenter les colis dont les destinataires seraient inconnus ou qui auraient été refusés par eux ; dans ce dernier cas, il faut que les destinataires indiquent les motifs de leur refus. Les Directeurs doivent veiller avec le plus grand soin à ce que tous les articles portés sur les livres de leurs Facteurs soient émargés, et vérifier les signatures pour s'assurer qu'elles ne sont pas parfois fausses.

147. Lorsque le Facteur est rentré de sa tournée, il doit tenir compte de suite à son Directeur du montant des ports qu'il a touchés. Les Directeurs ne doivent pas tolérer que le port d'un article ne soit pas payé immédiatement par le destinataire.

148. Il est expressément défendu aux Facteurs de rien réclamer aux destinataires au delà de ce qui est porté sur leurs livres. Les Directeurs doivent y tenir la main sévèrement.

149. Le *livre passe-debout* est réservé à l'inscription des articles allant à des destinations au delà d'un bureau, et qui, pour se rendre à leur destination, sont retenus à ce bureau pour y être chargés sur le service qui doit les transporter, ou pour être remis à des correspondances.

150. La transcription des articles sur ce registre se fait de la même manière que sur le livre facteur (*voir le n° 14 de l'exemple 5*). Seulement la taxe que l'on applique à ces articles à leur passage au bureau, et que l'on ajoute au port, ne varie pas comme le factage : elle est toujours la même, 20 centimes par article, excepté à Lyon, Bordeaux et Paris. Cette taxe s'appelle *passe-debout* (*voir l'art. 271*).

151. Dans les bureaux importants, un Facteur appelé *Passe-deboutier* est spécialement chargé des articles arrivant en passe-debout et du soin de les remettre aux services ou aux correspondances qui doivent les transporter à destination. Il doit faire émarger son livre par les correspondants pour bien constater qu'ils ont reçu l'article; il s'en fait rembourser le montant du port, dont il tient compte chaque jour à son retour au bureau. Si c'est un service partant du bureau même de l'Administration qui doive transporter l'article, le Directeur ou le Contrôleur qui le réinscrit sur le livre d'expédition de ce service doit émarger le livre passe-debout afin de constater que cet article a bien été réexpédié. Il y indique en outre la date du départ.

152. Le *livre bureau restant* doit recevoir l'inscription de tous les articles expédiés bureau restant. Les articles bureau restant sont ceux que le destinataire doit venir retirer au bureau même des Messageries. On doit donc attendre qu'il se présente.

153. L'enregistrement de ces articles sur le livre bureau restant se fait comme pour les articles du livre de ville. On ajoute au port de chaque article un factage conformément au tarif. Il est expressément défendu d'y ajouter aucun droit de magasinage (*voir le n° 25 de l'exemple* 5).

154. Les articles bureau restant sont mis dans un endroit réservé, sous la responsabilité du Facteur, et ils sont livrés aux destinataires contre le port dû et l'émargement du livre.

155. Il est indispensable de prendre toutes les précautions nécessaires avant de remettre aux destinataires, lorsqu'ils se présentent, les articles qu'ils viennent réclamer. Il faut s'assurer de l'identité de la personne à l'aide de la production d'un bulletin d'enregistrement, d'une lettre d'avis timbrée de la poste et émanant de l'expéditeur, et d'un passe-port dont on prend le numéro ; et en outre, s'il s'agit d'articles valeurs, on doit constater l'individualité par deux témoins connus et domiciliés dans la ville.

156. Ces précautions ne sont pas les seules : elles peuvent varier de nature et de forme suivant les circonstances et la connaissance plus ou moins complète du destinataire. C'est aux Directeurs à en apprécier l'importance et l'utilité pour sauvegarder leur responsabilité et éviter les vols.

157. Enfin le quatrième registre, dit *livre maison*, est réservé à l'enregistrement des lettres et avis de service, des objets mobiliers et de rechange adressés au bureau, des paquets d'imprimés envoyés par l'Administration pour le service du bureau, etc. (*voir le n° 49 de l'exemple* 5).

158. Les petits bureaux de route ne doivent avoir qu'un seul registre sur lequel ils inscrivent tout ce qui est en destination de leur bureau : articles de ville, passe-debout, bureau restant, lettres et avis, etc.

159. *L'exemple n° 5*, établi spécialement pour ces petits bureaux, leur donne un modèle de tous les enregistrements dont il vient d'être question.

Les numéros placés en marge dans la colonne d'émargement sont la répétition des numéros correspondants de la feuille de route.

160. Les articles soumis aux droits d'octroi ou de régie payent à l'entrée en ville une taxe que l'on porte dans la colonne des déboursés, en ayant soin d'indiquer au-dessus le mot *octroi*, afin que le destinataire sache, en payant le port, pour quel motif on lui réclame ces déboursés.

CHAPITRE II.

DISPOSITIONS PARTICULIÈRES.

§ 1er. *Des Dépêches.*

161. L'Administration transporte les dépêches sur les routes où cette entreprise lui a été concédée par adjudication ou par marché de gré à gré. Ce transport s'effectue soit avec les voitures ordinaires employées au service des voyageurs, soit avec des voitures spéciales sans voyageurs. Les Conducteurs font l'office de Courriers.

162. Les voitures vont prendre les dépêches et les remettre aux bureaux des Postes (cela a toujours lieu pour le 1er ordinaire) ; d'autres fois les Facteurs des Postes viennent les prendre et les apporter aux bureaux de l'Administration (cela arrive parfois pour le 2e ordinaire).

Dans ce dernier cas, le Directeur doit inscrire les dépêches sur la feuille de route (*voir l'exemple n° 7*).

163. Le bureau d'arrivée, en les remettant au Facteur des Postes qui vient les chercher, le fait émarger l'enregistrement soit sur le livre facteur, soit sur la feuille de route si le temps ne permet pas de les inscrire sur le livre facteur.

164. Les Directeurs des bureaux de départ doivent faire partir les voitures à l'heure indiquée, afin qu'elles puissent se trouver en temps utile devant le bureau des Postes pour y prendre les dépêches.

165. Les Directeurs des bureaux de passage doivent faire en sorte de terminer dans le plus bref délai leurs opérations, afin de ne pas retarder la marche du service. Ils constatent exactement sur la feuille de visas l'heure du passage des Courriers.

166. Les Directeurs des bureaux d'arrivée doivent indiquer avec le plus grand soin l'heure d'arrivée ; s'il y a des retards, ils les mentionnent sur la feuille de visas en relatant les causes qui les ont occasionnés.

167. Lorsque des retards ont eu lieu, les Directeurs doivent aller trouver les Directeurs ou Inspecteurs des Postes et leur faire connaître la cause de ces retards. Ils font en sorte de les excuser, afin d'éviter les retenues qui pourraient être faites.

168. Tous les agents de l'Administration doivent se prêter avec la plus grande complaisance aux demandes qui leur seraient faites par les agents des Postes relativement au transport des dépêches.

169. Les Directeurs doivent veiller à ce que les Conducteurs en se présentant aux bureaux des Postes soient revêtus de leur uniforme (*voir l'art.* 468) et de la plaque de courrier exigée par l'Administration des Postes (*voir l'art.* 470).

170. Les subventions postales pour transport des dépêches se payent sur mandats delivrés par les Inspecteurs des Postes de chaque département. Ces mandats sont remis aux Directeurs de l'Administration, qui doivent les adresser immédiatement à Paris pour être timbrés et acquittés par le Secrétaire général représentant l'Administration près des Postes. Ces mandats sont retournés aux Directeurs après cette formalité, afin qu'ils en touchent le montant à la caisse de la direction comptable des Postes de leur département. Aussitôt l'encaissement des fonds les Directeurs doivent, dans le plus bref délai, les envoyer à l'Administration, en les accompagnant d'une lettre indiquant le service des dépêches pour lequel le mandat a été délivré, le montant du mandat, les retenues faites (s'il y en a), et enfin la somme envoyée. On mentionne également les causes qui ont donné lieu aux retenues et le nom des Conducteurs qui étaient en service le jour où la retenue a été faite. Les Directeurs reçoivent pour faire cette lettre une formule toute préparée dont ils n'ont qu'à remplir les blancs.

§ 2. *Des Finances.*

171. L'Administration se charge du transport des finances à *couvert* et à *découvert*, pour lequel elle a arrêté un tarif spécial (*voir l'art.* 261).

172. On appelle *finances à couvert*, celles renfermées dans des sacs, barils, caisses ou enveloppes ficelés et cachetés ;

Et *finances à découvert*, celles qui n'ont pas d'enveloppes, et qui sont remises et comptées de la main à la main. Les Directeurs ne doivent accepter le transport des finances à découvert qu'autant que la somme expédiée ne dépasse pas le chiffre de 400 fr. Au-dessus de ce chiffre, elles doivent être renfermées dans des sacs.

173. On doit apporter le plus grand soin dans la vérification des enveloppes renfermant les finances.

Si ce sont des sacs, la toile doit en être bonne, ne présenter aucune trace de reprise, et avoir les coutures faites en dedans. Il faut que chaque sac soit fermé au moyen d'une ficelle solidement nouée, et dont les deux bouts et le nœud sont scellés du cachet de l'expéditeur. Ce cachet doit présenter les lettres initiales de son nom ou ses armoiries.

Si ce sont des barils, ils doivent être cerclés en fer, les douves fortes, et les fonds plombés au nom de l'expéditeur. Les mêmes précautions doivent être prises à l'égard des caisses,

174. Les billets de banque peuvent être remis à découvert. Mais dans ce cas, on doit exiger de l'expéditeur qu'il les réunisse par une ficelle dont les deux bouts sont scellés de son cachet, et qu'il y joigne une adresse sur laquelle sont indiqués le nombre et la valeur des billets. Ces précautions sont nécessaires pour se prémunir contre les faux billets ; on comprend, en effet, que de cette manière, le destinataire reçoit les mêmes billets qui ont été remis par l'expéditeur, et qu'aucun échange n'a pu avoir lieu en route.

175. L'Administration se charge également du transport des articles dits *valeurs*.

On appelle *article valeur*, celui qui renferme un objet d'une certaine valeur et qui est déclaré tel par l'expéditeur; ce dernier, pour garantir le colis expédié par lui, préférant en payer le port d'après la valeur et non d'après le poids.

176. Les articles valeurs doivent être également l'objet d'un examen attentif. On doit s'assurer que l'enveloppe qui les renferme ne peut être ouverte en route, et que le colis est ficelé et cacheté par l'expéditeur.

177. Pour le montant de la valeur d'un objet ou d'un group, on doit s'en rapporter uniquement à la déclaration de l'expéditeur, et aucune vérification ne doit en être faite. Toutefois, si l'on a quelques doutes sur l'exactitude de la déclaration, on peut refuser le transport de l'objet ou du group présenté, ou bien en référer à l'Administration. La valeur doit être inscrite sur le colis par l'expéditeur.

178. Les articles finances et valeurs doivent être pesés avec le plus grand soin. On ne doit omettre aucune fraction de poids. Ce poids doit figurer dans l'enregistrement.

179. L'enregistrement des articles finances et valeurs se fait comme celui des articles ordinaires, seulement on ajoute les mots *déclarés contenir* ou *déclarés valeurs*, et on désigne dans le corps de l'enregistrement, d'une manière très-exacte, la nature du group ou du colis, la somme en toutes lettres, et les cachets ou plombs dont les colis sont revêtus. Le poids doit surtout être indiqué avec la plus scrupuleuse exactitude.

On peut prendre pour modèle d'enregistrement d'articles valeurs ou finances l'exemple n° 6.

Les fractions de kilogramme sont inscrites dans le corps même de l'enregistrement et non dans la colonne réservée au poids.

180. Comme on le voit dans *l'exemple n° 6*, le montant des sommes expédiées est porté en marge au dessous de la destination, et en chiffres, afin d'attirer les yeux et l'attention. Lorsqu'il s'agit d'un article valeur, on ajoute devant la somme la formule V^r.

181. L'Administration ne se charge pas du transport des actions industrielles, coupons de rentes ou coupons de dividendes expédiés à découvert. Les Directeurs doivent exiger des expéditeurs qui auraient de semblables envois à faire qu'ils réunissent ces actions et coupons sous une même enveloppe en toile cirée et cachetée et qu'ils en déclarent la valeur.

182. Les Directeurs doivent veiller avec le plus grand soin à ce que les articles finances ou valeurs soient soigneusement renfermés en attendant le moment du départ. Ils doivent eux-mêmes, autant que possible, dans certains bureaux, garder la clef de la caisse ou de l'armoire dans laquelle sont renfermées les finances et les valeurs. S'ils chargent de ce soin le Facteur de leur bureau, ils doivent s'assurer, dans l'intérêt de leur responsabilité personnelle, que toutes les précautions sont prises pour éviter les vols. La prudence leur conseille même de faire transporter ces objets dans leur propre domicile lorsqu'il doit s'écouler une nuit avant le départ, surtout s'il ne reste personne pour garder le bureau.

183. A l'arrivée, lorsque le Directeur reconnaît qu'un

sac finance qui lui est remis par le Conducteur est en mauvais état de conditionnement, si, par exemple, le cachet en est brisé, il doit immédiatement ouvrir ce sac *en présence de témoins et du Conducteur*, et vérifier le conteuu. S'il y manque une somme quelconque, le Conducteur en est responsable. Cette vérification faite, les espèces sont replacées dans le sac qui est scellé du cachet du Directeur. Lorsqu'il s'agit d'une somme d'une certaine importance, il est bon que la vérification ait lieu en présence d'un officier de paix ou de police.

§ 3. *Fonds du Trésor.*

184. L'Administration est chargée du transport des fonds du trésor public sur les routes de terre et sur les chemins de fer. Toutefois, les transports à effectuer sur des parcours de voie de fer exclusivement, c'est-à-dire d'une station à une autre station sans prolongement d'une portion de voie de terre, ne sont pas obligatoires pour l'Administration. Les Directeurs peuvent en conséquence se dispenser de recevoir ces fonds dans leur bureau.

185. Il ne faut pas confondre les expéditions du Trésor public, dont le port est réglé à **Paris** (*voir l'art.* 282), avec celles qui sont faites pour le compte personnel des receveurs généraux et dont la taxe est payée par eux-mêmes. Ces dernières rentrent dans la catégorie des transports de finances ordinaires et sont soumises aux mêmes règlements.

186. Il importe, pour la sécurité des expéditions, que les Directeurs s'assurent si les précautions stipulées à l'art. 7 du marché fait avec le Ministre des finances ont été prises. Cet article est ainsi conçu :

Art. 7.

« Les espèces d'or et d'argent à transporter devront
« être contenues dans des sacs ficelés et cachetés. Les sacs
« seront renfermés dans des barils ou caisses entourés
« de cordes dont les extrémités seront fixées par un ca-
« chet sur cire. Chaque baril ou caisse renfermant des
« espèces d'argent se composera, autant que possible,
« de sommes de dix mille francs ; l'or sera transporté
« dans des caisses de même dimension.

« Le retour des caisses, barils ou enveloppes de toute
« espèce, devra être effectué par la même voie, sans
« donner lieu à aucune taxe en faveur des Messageries
« Impériales.

« Les billets de banque seront réunis sous pli en
« toile cirée, ficelés et cachetés. »

187. En ce qui concerne le retour des caisses, barils
ou enveloppes, il a été convenu avec le trésor public
qu'il ne serait pas obligatoire par le plus prochain départ qui suivrait la remise des fonds aux destinataires.
Les Directeurs peuvent donc, suivant les circonstances,
retarder ce retour de deux ou trois jours.

188. Pour la sûreté et la garantie des transports de
finances que l'Administration est appelée à faire dans
les départements au compte du trésor public, l'État met
à sa disposition les brigades de la gendarmerie locale à
titre d'escorte.

En conséquence, pour sauvegarder la responsabilité
de l'Administration, les Directeurs sont invités d'une
manière formelle et sous leur responsabilité, à requérir
et user de l'escorte de gendarmerie toutes les fois qu'ils
ont à expédier des fonds pour le compte du trésor

public. Ils doivent recommander aux Conducteurs la plus entière discrétion à cet égard pendant la route.

§ 4. *Des Effets en recouvrement.*

189. L'Administration se charge de recouvrer le montant des *lettres de change*, *billets à ordre* ou *au porteur, mandats, retraites*, et généralement de tous *effets négociables* ou *de commerce.*

1° De l'expédition des effets en recouvrement.

190. Avant de recevoir un effet pour en opérer le recouvrement, il est nécessaire de s'assurer de sa bonne confection et s'il ne présente rien de contraire aux dispositions de la loi du 14 juin 1850, relative aux effets de commerce.

191. Afin que les Directeurs puissent être suffisamment renseignés à ce sujet, il est utile qu'ils connaissent les dix premiers articles de cette loi. Ces dix articles sont les suivants :

Loi du 14 juin 1850.

« ART. 1er. Le droit de timbre proportionnel sur
« les lettres de change, billets à ordre ou au porteur,
« mandats, retraites ou tous autres effets négociables
« ou de commerce, est fixé ainsi qu'il suit :

« A cinq centimes pour les effets de cent francs et
« au-dessous (0,05);

« A dix centimes pour ceux au-dessus de cent francs
« jusqu'à deux cents francs (0,10);

« A quinze centimes pour ceux au-dessus de deux
« cents francs jusqu'à trois cents francs (0,15);

« **A** vingt centimes pour ceux au-dessus de trois cents
« francs jusqu'à quatre cents francs (0,20) ;

« **A** vingt-cinq centimes pour ceux au-dessus de
« quatre cents francs jusqu'à cinq cents francs (0,25) ;

« **A** cinquante centimes pour ceux au-dessus de cinq
« cents francs jusqu'à mille francs (0,50) ;

« **A** un franc pour ceux au-dessus de mille francs
« jusqu'à deux mille francs (1 fr.) ;

« **A** un franc cinquante centimes pour ceux de deux
« mille francs jusqu'à trois mille francs (1,50) ;

« **A** deux francs pour ceux au-dessus de trois mille
« francs jusqu'à quatre mille francs (2 fr.) ;

« **Et** ainsi de suite en suivant la même progression et
« sans fraction.

« **Art.** 2. Celui qui reçoit du souscripteur un effet
« non timbré, conformément à l'art. 1er, est tenu de
« le faire viser pour timbre dans les quinze jours de sa
« date, ou avant l'échéance, si cet effet a moins de
« quinze jours de date, et dans tous les cas avant toute
« négociation.

« **Ce** visa pour timbre sera soumis à un droit de
« quinze centimes par cent francs ou fraction de cent
« francs, qui s'ajoutera au montant de l'effet nonobs-
« tant toute stipulation contraire.

« **Art.** 3. Les effets venant, soit de l'étranger, soit
« des îles ou des colonies dans lesquelles le timbre
« n'aurait pas encore été établi, et payables en France,
« seront, avant qu'ils puissent y être négociés, acceptés
« ou acquittés, soumis au timbre ou au visa pour timbre,
« et le droit sera payé d'après la quotité fixée par l'art. 1er.

« Art. 4. En cas de contravention aux articles précé-
« dents, le souscripteur, l'accepteur, le bénéficiaire ou

« premier endosseur de l'effet non timbré ou non visé
« pour timbre, seront passibles chacun d'une amende
« de 6 p. %.

« A l'égard des effets compris en l'art. 3, outre l'ap-
« plication, s'il y a lieu, du paragraphe précédent, le
« premier des endosseurs résidant en France, et, à dé-
« faut d'endossement en France, le porteur sera pas-
« sible de l'amende de 6 p. %.

« Si la contravention ne consiste que dans l'emploi
« d'un timbre inférieur à celui qui devait être employé,
« l'amende ne portera que sur la somme pour laquelle
« le droit de timbre n'aura pas été payé.

« Art. 5. Le porteur d'une lettre de change non
« timbrée ou non visée pour timbre, conformément
« aux art. 1er, 2 et 3, n'aura d'action, en cas de non-
« acceptation, que contre le tireur ; en cas d'accepta-
« tion, il aura seulement action contre l'accepteur et
« contre le tireur, si ce dernier ne justifie pas qu'il y
« avait provision à l'échéance.

« Le porteur de tout autre effet sujet au timbre et
« non timbré ou non visé pour timbre, conformément
« aux mêmes articles, n'aura d'action que contre le
« souscripteur.

« Toutes stipulations contraires seront nulles.

« Art. 6. Les contrevenants seront soumis solidaire-
« ment au payement du droit du timbre et des amendes
« prononcées par l'art. 4. Le porteur fera l'avance de
« ce droit et de ces amendes, sauf son recours contre
« ceux qui en seront passibles. Ce recours s'exercera
« devant la juridiction compétente pour connaître de
« l'action en remboursement de l'effet.

« Art. 7. Il est interdit à toutes personnes, à toutes

« sociétés, à tous établissements publics, d'encaisser
« ou de faire encaisser pour leur compte ou pour le
« compte d'autrui, même sous leur acquit, des effets
« de commerce non timbrés ou non visés pour timbre,
« sous peine d'une amende de 6 p. $\%$ du montant des
« effets encaissés.

« Art. 8. Toute mention ou convention de retour
« sans frais, soit sur le titre, soit en dehors du titre,
« sera nulle si elle est relative à des effets non timbrés
« ou non visés pour timbre.

« Art. 9. Les dispositions de la présente loi sont
« applicables aux lettres de change, billets à ordre ou
« au porteur, ou autres effets souscrits en France et
« payables hors de France.

« Art. 10. L'exemption du timbre accordée par
« l'art. 6 de la loi du 1er mai 1822 aux duplicatas de
« lettres de change est maintenue. Toutefois, si la pre-
« mière, timbrée ou visée pour timbre, n'est pas jointe
« à celle mise en circulation et destinée à recevoir les
« endossements, le timbre ou visa pour timbre devra
« toujours être apposé sur cette dernière, sous les peines
« prescrites par la présente loi. »

192. Conformément aux dispositions de cette loi, les
Directeurs ne doivent donc dans aucun cas, ni sous
aucun prétexte, se charger du recouvrement d'effets qui
ne seraient pas établis sur papier du timbre proportionnel exigé par l'art. 1er de la loi, quand bien même ces
effets seraient déclarés recouvrables sans frais.

Toute contravention donne lieu à une amende de
6 p. $\%$ du montant de l'effet. Cette amende est nécessairement laissée à la charge de l'employé qui con-
trevient.

3.

193. Si malgré les prescriptions de la loi, il arrive entre les mains d'un Directeur un effet provenant d'un bureau de l'Administration, lequel effet, par erreur ou par négligence, ne serait pas timbré ou revêtu d'un timbre suffisant, le Directeur doit, conformément à l'article 2 de la loi, remédier immédiatement au défaut existant, en faisant timbrer ou viser pour timbre l'effet dans les quinze jours de sa date, ou avant l'échéance si cet effet a moins de quinze jours de date, et dans tous les cas avant toute négociation. On paye dans ce cas, pour éviter une plus forte amende, un droit de 15 centimes par 100 fr. ou fraction de 100 fr., qui s'ajoute au montant de l'effet et dont le débiteur de l'effet doit faire le payement comme de l'effet lui-même.

194. La loi ne soumettant au timbre proportionnel que les effets de commerce ou négociables ne comprend pas les remboursements faits sur *factures acquittées* ou sur toutes autres pièces quittancées qui sont confiées aux bureaux par les titulaires purement et simplement, sans négociation ni transmission au nom de l'Administration.

195. Lorsqu'on s'est assuré de la bonne confection des effets, on examine la régularité de l'endos du cédant. Cet endos, pour les effets sur Paris ou passant en passe-debout par Paris, doit être fait directement à l'ordre des *Administrateurs des Messageries Impériales, valeur en recouvrement.* Pour les effets sur les départements, il est fait au nom du Directeur de la localité sur laquelle les effets sont à recouvrer. L'endos doit mentionner le lieu de résidence du cédant, et la date exacte du jour de la remise de l'effet; enfin il indique *si l'effet est sans frais ou s'il doit être protesté.*

196. Les Directeurs ne doivent recevoir d'effets en recouvrement sur les départements qu'autant qu'ils sont payables dans des localités desservies directement par l'Administration, et, par exception, dans quelques-unes des villes où aboutissent, à la connaissance des Directeurs, des services réguliers de correspondance.

197. La condition de n'accepter d'effets que sur les localités où l'Administration a personnellement des agents est de toute rigueur pour les effets sujets à protêt. On doit de plus avoir soin de ne recevoir ces sortes d'effets qu'autant que le délai à courir donne une latitude de cinq jours au moins entre le temps supposé nécessaire pour faire parvenir l'effet à destination et le jour de son échéance.

198. Tous effets en dehors de ces conditions sont retournés pour être restitués au cédant sous la responsabilité du bureau qui les a acceptés.

199. Lorsqu'on a accepté des effets pour en opérer le recouvrement, on en donne un reçu au cédant et on les inscrit sur un bordereau en se conformant aux indications mentionnées en tête des colonnes et en suivant *l'exemple n° 9.*

200. On garde copie de ce bordereau sur un registre spécial; puis, après avoir joint tous les effets au bordereau, on le plie en deux, et sur l'un des côtés on met l'adresse du Directeur auquel on l'expédie, comme suit:

RECOUVREMENTS.

---

*M*ʳ *N* .... *Directeur,*
    à Toulouse.
   Valeur : 475 fr. 60 c.

201. On enregistre ensuite ce bordereau sur le livre d'expédition comme un article valeur, et de la manière indiquée à *l'exemple n° 8*.

2° De la réception des effets en recouvrement et du retour des fonds
ou des effets.

202. A la réception d'un bordereau renfermant des effets en recouvrement, on doit commencer par vérifier si le nombre des effets joints au bordereau est bien conforme au nombre indiqué ; et dans le cas contraire, on le mentionne sur la feuille en faisant parapher cette mention par le conducteur, et on en avise de suite le bureau expéditeur.

203. On enregistre chaque effet sur un livre spécial dit *livre des effets en recouvrement* (*voir l'exemple n° 10*), et l'on se conforme exactement aux indications mentionnées sur les bordereaux qui accompagnent les effets.

204. On doit faire encaisser les effets le jour même de leur échéance, et la veille quand ce jour est férié.

205. Le retour des fonds encaissés doit être fait par le premier départ. Celui des effets impayés ou protestés a lieu dans les deux ou trois jours qui suivent leur présentation au débiteur, à moins d'indications contraires spécifiées sur le bordereau.

On doit mentionner sur le livre des effets en recouvrement à l'arrivée, la date du renvoi des fonds, la désignation et le n° de l'enregistrement de la feuille. (*Exemple n° 10.*)

206. Tout retard dans l'envoi des fonds non motivé et non anoncé à l'avance, donne lieu à la reprise du montant de l'effet avec le port à la suite.

207. Le montant de chaque effet doit être envoyé en un sac ficelé et cacheté si la somme est de mille francs ou au-dessus, et dans ce cas le prix du sac est fixé à 15 c. par mille francs.

208. A défaut de payement par le débiteur d'un effet, on doit faire dresser le protêt le lendemain de l'échéance, avant midi, contre le débiteur présent, absent, inconnu, mort ou en faillite, conformément aux articles 162 et 163 du Code de commerce, à moins que le bordereau ne porte : *Sans frais.*

209. Lorsqu'il y a refus de payement d'un billet non sujet à protêt, on en mentionne le motif au dos de l'effet par une note jointe.

210. Il est alloué aux Directeurs une commission d'encaissement de 20 c. par effet payé ou non ; cette somme est portée dans la colonne des déboursés lors du renvoi des fonds ou de l'effet impayé.

211. Lorsqu'un Directeur est chargé de faire accepter des traites ou des mandats, il doit avoir soin de faire écrire sur le corps même de l'effet et en travers ces mots : *Accepté pour la somme de*.........., avec la date et la signature de l'acceptant. Ces effets sont retournés immédiatement après acceptation et taxés conformément au tarif ; mais dans ce cas, il n'est pas alloué de commission aux Directeurs.

212. *L'exemple n° 11* donne un modèle du renvoi des fonds ou des effets impayés, ou enfin de mandats envoyés à l'acceptation.

213. Les effets envoyés aux Directeurs pour être recouvrés par des correspondants, dans les localités où ils sont payables, doivent être remis immédiatement à ces correspondants. On s'en fait donner un reçu sur le registre passe-debout, ou sur le livre facteur dans les petits bureaux, et on doit presser la rentrée de ce recouvrement sans attendre les réclamations.

214. Lorsque le porteur d'un effet impayé veut exercer son recours sur un tireur ou l'un des endosseurs, il doit faire un nouvel effet dit *retraite*. A cette retraite doivent être joints l'effet impayé et toutes autres pièces nécessaires au remboursement et dont le détail doit figurer sur la retraite. L'effet impayé et toutes les pièces qui l'accompagnent doivent être fixés à cette retraite par une ficelle et scellés du cachet du porteur.

§ 5. *Des Articles suivis de remboursement.*

215. L'Administration se charge de transporter les articles suivis de remboursement et de recouvrer le montant du remboursement.

216. On appelle articles suivis de remboursement ceux qui ne doivent être livrés aux destinataires que contre le payement de la somme réclamée par l'expéditeur.

217. L'Administration recouvre le montant des remboursements moyennant le port de l'argent renvoyé à l'expéditeur et indépendamment du port de l'article.

Le port de l'argent est, ou à la charge de l'expéditeur, ou à celle du destinataire. Dans le second cas, le retour de l'argent est indiqué *retour franco*, et le destinataire doit en payer le port conformément au tarif.

218. Les Directeurs ne doivent sous aucun prétexte livrer ni laisser ouvrir les colis suivis de remboursement sans avoir au préalable reçu le montant de ce remboursement, le port du colis, le port de l'argent en retour, s'il y a lieu, et obtenu l'émargement du livre facteur.

219. Les colis suivis de remboursement sont accompagnés d'un bordereau. Quand ce bordereau manque à l'arrivée, les Directeurs doivent le constater sur feuille et en donner avis de suite au bureau expéditeur. On doit se conformer exactement aux indications portées sur ce bordereau.

220. Aussitôt leur arrivée au bureau, les articles suivis de remboursement sont inscrits sur les livres facteur, bureau restant ou passe-debout, suivant leur destination, en ayant soin de mettre en marge le mot *Remboursement*, avec le numéro d'ordre du colis. Chaque colis est étiqueté et porte un numéro d'ordre correspondant avec le numéro porté sur le bordereau.

221. Les articles sont présentés aux destinataires le jour même de leur arrivée, à moins qu'ils ne soient adressés *bureau restant*.

222. Lorsque le montant du remboursement est inscrit sur feuille dans la colonne des déboursés, il est joint au bordereau une lettre bleue, qui doit être retournée de suite au bureau expéditeur, indiquant si le colis est accepté ou refusé par le destinataire. **A** défaut de renvoi de la lettre bleue dans le délai de trois jours, le bureau expéditeur fait payer l'expéditeur du colis aux risques et périls du bureau destinataire, dont la négligence engage la responsabilité.

223. Les Directeurs des départements ne doivent pas accepter de remboursements dont l'expéditeur exigerait de suite le payement, et il ne faut porter en déboursés le montant des remboursements que très rarement lorsque la somme est peu importante et en faveur seulement de certaines maisons de commerce clientes de l'Administration.

224. Lorsque les colis sont remis à des correspondants, les Directeurs doivent presser le retour des fonds ou de la lettre bleue, sans attendre la réclamation du bureau expéditeur.

225. Les Directeurs ne doivent accepter d'articles suivis de remboursement qu'autant qu'ils sont en destination de localités desservies directement par l'Administration ou par des correspondances reconnues par elle.

226. Lorsqu'un colis n'est pas accepté de suite ou est refusé, il faut que les Directeurs en donnent avis immédiatement au bureau expéditeur, et qu'ils le renouvellent dans la huitaine, s'ils n'ont pas de réponse à leur premier avis. Cet avis doit mentionner le numéro du colis.

227. Le montant du remboursement est envoyé par le premier départ qui suit la livraison du colis. Les fonds sont adressés directement à l'expéditeur du colis, conformément aux indications du bordereau qui l'accompagne et non au Directeur du bureau expéditeur.

Pour l'enregistrement des fonds en retour, voir les n°s 1 et 2 de l'exemple n° 12.

228. Lorsqu'un remboursement est indiqué : *Retour franco,* les Directeurs doivent faire payer le port de l'argent en retour en sus du remboursement. Ce port est inscrit sur la feuille dans la colonne des ports payés (*voir le n° 2 de l'exemple n° 12*).

229. Tout retard dans le renvoi des fonds, dont le motif n'aura pas été signalé au bureau expéditeur, donne lieu à la reprise du montant du remboursement augmenté du port de retour.

230. Lorsqu'un colis est refusé et que l'expéditeur donne l'ordre de le lui retourner, les Directeurs doivent se conformer exactement à l'ordre de renvoi et donner avis de ce renvoi au bureau expéditeur, au moyen d'un extrait de la feuille (*voir l'art.* 420), indiquant *la date de ce retour, la taxe, les déboursés, s'il y en a, ou le montant du remboursement et le numéro du colis.* L'enregistrement du colis en retour est libellé, conformément au *n° 3 de l'exemple n° 12.*

231. La destination des colis en remboursement ne pouvant être changée sans l'assentiment de l'expéditeur, les Directeurs sont tenus d'en demander l'autorisation au bureau expéditeur, qui prend les ordres de l'expéditeur même du colis et donne des instructions au bureau destinataire.

232. Les Directeurs doivent conserver, pour les réunir en liasse et par ordre de date, les bordereaux accompagnant les colis. Ils y indiquent la date du renvoi des fonds ou des lettres bleues, et y mentionnent toutes les observations nécessaires, afin d'y recourir au besoin, et de les consulter comme ils feraient d'un registre, en cas de réclamation.

§ 6. *Abonnements aux journaux.*

233. L'Administration se charge de faire les abonnements aux journaux de Paris, sans augmentation de frais pour les abonnés ; elle se charge également des réclamations qu'ils auraient à adresser aux administrations des journaux, mais seulement pour ce qui concerne le service de leur abonnement.

234. Les Directeurs reçoivent chaque année, et plus

souvent si cela est reconnu nécessaire, une liste do tous les journaux de Paris, indiquant les époques auxquelles se font les abonnements, le mode et le montant de l'abonnement.

235. Les personnes qui désirent s'abonner à un ou plusieurs journaux doivent verser le montant de leur abonnement en faisant leur demande au bureau.

236. Les demandes d'abonnements sont inscrites sur un registre dit *livre des abonnements*, en se conformant avec soin aux indications placées en tête des colonnes, et en prenant pour modèle *l'exemple n° 15.*

237. Lorsque l'enregistrement de l'abonnement est fait, on doit donner un reçu de la somme versée sur un bulletin d'une formule spéciale et de la manière suivante :

ABONNEMENTS AUX JOURNAUX.

Reçu de **M.** *Juguet*   la somme
de *seize francs*   que j'emploierai
à effectuer son abonnement de *trois*   mois
à partir du *seize avril*   **1856**
au journal *le Constitutionnel.*

Signature du Directeur.

238. Les Directeurs doivent envoyer, chaque jour, à Paris, le montant des sommes qu'ils ont reçues pour abonnements aux journaux. Ils en font l'inscription sur un bordereau qui est la copie exacte du livre et qui doit accompagner les sommes envoyées à Paris.

239. Les Directeurs datent et signent ce bordereau,

au dos duquel ils indiquent la somme ou les sommes envoyées à Paris, de cette manière :

BUREAU DE NANTES.

Monsieur le Directeur
du bureau des abonnements
à Paris.

Avec 56 francs.

L'enregistrement de ce bordereau et des sommes qui sont envoyées au bureau de Paris doit être libellé comme dans *l'exemple n° 13*.

240. La taxe pour le port de l'argent est fixée à *deux centimes par franc* sans droit d'enregistrement, excepté lorsque cette taxe se trouve dépasser le prix fixé au tarif général des finances, auquel cas on se conforme à ce tarif (*voir l'art.* 273).

241. Lorsqu'il y a plusieurs sommes à expédier pour abonnements, les Directeurs doivent les réunir en un seul enregistrement, afin qu'il n'y ait qu'une seule taxe sur la feuille (*voir l'exemple n°* 13).

242. Il est alloué aux bureaux *un centime par franc* sur le montant des abonnements faits par eux. Cette remise doit être portée dans la colonne des déboursés, afin que le montant de l'abonnement soit toujours envoyé en entier à Paris. Toute somme excédant cette remise de un centime par franc, qui serait portée en déboursé, est reprise sur les Directeurs.

243. Si, par suite de changements dans le prix de l'abonnement, depuis la réception de la dernière liste, la somme envoyée est insuffisante ou trop forte, le bureau de Paris reprend sur les bureaux des dépar-

tements, ou leur renvoie la différence. Les Directeurs doivent, dans ce cas, sur l'avis qui leur en est donné par le bureau de Paris, rectifier leur liste, afin qu'elle offre toujours, autant que possible, des renseignements exacts.

244. Lorsque des correspondants font des abonnements aux journaux, il leur est alloué *deux centimes et demi par franc,* pour port d'argent et remise, quelle que soit la distance. Les Directeurs font suivre en déboursés ces deux centimes et demi sans aucun supplément de frais.

245. Le prix des abonnements pour l'étranger étant sujet à subir dans le cours de l'année des changements par suite de modifications qui peuvent être apportées dans les tarifs internationaux d'affranchissement, il est impossible d'indiquer d'une manière exacte sur la liste des journaux, le chiffre que les bureaux placés à l'étranger doivent demander aux personnes qui désirent s'abonner aux journaux de France. Les bureaux qui se trouvent dans ce cas doivent faire payer le prix porté sur leur liste, et attendre la reprise de l'excédant qui est faite sur eux, pour s'en faire payer des abonnés. Ils sont invités à n'agir ainsi qu'autant que ces derniers leur paraissent offrir des garanties suffisantes de payement.

246. Les Directeurs doivent solliciter les abonnements. Leur livre leur indiquant l'époque à laquelle expirent les abonnements des personnes de leur localité, c'est à eux à en provoquer le renouvellement. Ils doivent faire valoir aux abonnés l'avantage de s'abonner sans augmentation de prix et de pouvoir adresser leurs réclamations aux journaux sans aucuns frais.

TITRE IV.

DES TARIFS.

247. La taxe à appliquer aux divers transports dont il est question aux titres II et III est fixée par les tarifs qui sont envoyés dans ce but à chaque bureau.

248. Les Directeurs doivent se conformer rigoureusement à ces tarifs; ils ne 'peuvent s'en écarter que dans certaines circonstances et lorsqu'ils en ont reçu l'ordre ou l'autorisation.

L'Administration force en recette les bureaux qui taxent les transports au-dessous des tarifs sans 'motifs suffisants.

CHAPITRE Ier.

TARIFS DES PLACES ET DES BAGAGES.

§ 1er. *Des Places.*

249. Le prix de chaque place varie suivant le compartiment dans lequel elle se trouve. Les meilleures places, telles que celles du coupé, sont taxées au prix le plus élevé; les moins bonnes, celles de la rotonde, au prix le plus bas.

250. Le tarif des places indique le prix de chaque place, suivant le compartiment, pour toutes les principales localités desservies par la voiture. Chaque colonne du tarif correspond à un compartiment. Il suffit donc, pour connaître le prix de la place de coupé, de se reporter d'abord à la destination où le voyageur désire se rendre, et de là à la colonne du coupé, et l'on taxe sur feuille le prix que l'on trouve à la jonction des deux lignes, *sans y rien ajouter*.

251. Si le lieu de destination du voyageur n'est pa indiqué sur le tarif, on taxe le prix fixé pour la destina tion qui suit immédiatement l'endroit où le voyageur doit se rendre.

252. Les pourboires ou guides des Conducteurs et Postillons étant compris dans le prix de la place, les voyageurs ne doivent payer aucun autre pourboire. Ces guides sont indiquées sur le tarif, et les Directeurs doivent les porter sur feuille dans la colonne à ce destinée, en regard de chaque place (*voir l'exemple n° 1*).

§ 2. *Des Bagages.*

253. Il est accordé à chaque voyageur le transport gratis de 30 kilog. de bagages; l'excédant est taxé à raison d'un certain prix par 100 kilog. Le poids s'arrondit par kilogrammes. La taxe est appliquée d'après le *prix ordinaire* fixé sur le tarif.

254. Pour obtenir cette taxe, on multiplie le nombre de kilogrammes par le prix fixé pour 100 kilog. et on divise par **100**. On ajoute à la taxe 10 cent. d'enregistrement. Le minimum des taxes pour le bagage est de 50 centimes.

CHAPITRE II.

TARIFS DE LA MESSAGERIE.

§ 1er. *Messagerie ordinaire.*

255. Le tarif de la Messagerie ordinaire est appliqué à toutes les expéditions de colis qui ne font pas l'objet des exceptions prévues aux articles et chapitres ci-après.

256. Les petits paquets ou colis offrant plus de chances de perte que les gros colis, doivent être nécessairement taxés à un prix comparativement plus élevé que ces derniers. De là des catégories fixées d'après le poids des articles. Ces catégories sont généralement établies comme suit : de 2 kilog. et au-dessous ; de 4 kilog. 1/2 à 6 kil. ; au-dessus de 6 kilog., à raison d'un certain prix par 100 kilog. Il y a cependant des exceptions à cette règle, surtout en ce qui concerne les services par voie de fer.

257. Ce dernier prix n'est pas le même pour tous les colis indistinctement ; *le prix ordinaire* s'applique aux bagages (*voir l'art.* 253), aux articles de mode et à ceux qui sont légers et volumineux, et qui par conséquent encombreraient les voitures sans donner de produits ; *le prix de commerce* est appliqué à toutes les marchandises en général. La taxe s'obtient au moyen de la multiplication du poids de l'article par le prix des 100 kil. divisé par 100.

258. Chacune des catégories dont il est question à l'art. 256 est indiquée sur le tarif avec un prix spécial

pour chacune d'elles. Le tarif présente donc autant de colonnes que de catégories.

Pour trouver la taxe à appliquer à un article de 4 kilog. 1/2, il suffit de chercher sur le tarif la ligne où se trouve indiquée la destination du colis, puis de se reporter à la colonne correspondant à la catégorie des articles de 4 kilog. 1/2 à 6 kilog., et au point de jonction des deux lignes on trouve la taxe à appliquer, à laquelle on ajoute 10 c. d'enregistrement. Pour les colis au-dessus de 6 kilog., on multiplie le prix trouvé à la jonction de la ligne de destination avec la colonne des prix par 100 kilog. par le poids de l'article, et l'on divise par 100. Le produit donne la taxe.

259. Le minimum des taxes est de 50 centimes.

260. Les papiers d'affaires au-dessus de 6 kilog. sont taxés moitié en sus du prix des articles de 4 kilog. 1/2 à 6 kilog.

§ 2. *Des Finances et Objets valeurs.*

261. La taxe à appliquer pour le transport des espèces, matières d'or et d'argent, objets et papiers de valeur et les sommes provenant de recouvrements et d'articles suivis de remboursement, est indiquée au *barême pour le transport de la finance*, page 1 du tarif général (*voir l'art. 273*).

262. Cette taxe varie selon que le transport du point de départ à celui de destination doit s'effectuer par un ou plusieurs services. Dans le premier cas, on applique les prix indiqués au § 1er du barême; et dans le second cas, ceux portés au § 2.

263. Les éléments qui servent de base pour la taxe à appliquer sont la distance parcourue et l'importance de la somme transportée. Pour trouver la taxe, il faut donc chercher d'abord la ligne où se trouve indiquée la distance parcourue par la somme expédiée et la colonne correspondant à l'importance de cette somme; le chiffre placé au point de jonction des deux lignes donne la taxe à appliquer, à laquelle on ajoute 10 cent. pour l'enregistrement.

264. L'argent à bas titre et les autres objets de valeur d'un poids assez élevé doivent être taxés au poids d'après le tarif de la Messagerie ordinaire s'il y a perte pour l'Administration à la taxer d'après la valeur déclarée. On doit s'en assurer avant d'appliquer le prix de transport.

265. La monnaie de billon est taxée au poids.

266. Les espèces d'or ou d'argent sont taxées conformément aux catégories établies sur le tarif général et qui peuvent varier. Elles sont actuellement ainsi fixées :

> 100 fr. et au-dessous ;
> 101 à 200 fr. ;
> 201 à 500 fr. ;
> 501 à 1,000 fr. ;
> 1,001 à 10,000 fr. par 1,000 fr. ;
> Au-dessus de 10,000 fr. par 1,000 fr.

267. On ne doit s'écarter du barême que pour suivre les prix exceptionnels qui peuvent être indiqués par les tarifs particuliers de chaque route.

268. Les effets en recouvrement renvoyés impayés sont taxés demi-port en retour.

269. Les envois d'argent pour abonnements aux journaux sont taxés à raison de 2 centimes par franc, excepté lorsque cette taxe dépasse le tarif des finances (*voir l'art.* 240).

§ 3. *Enregistrement, Passe-debout et Factage.*

1° Enregistrement.

270. Il est ajouté à chaque taxe une somme de 10 centimes pour enregistrement des bagages, de la Messagerie, des finances et objets valeurs, etc. Cette somme fait partie de la taxe même et ne doit pas être portée dans la colonne des déboursés. Soit, par exemple, un colis pesant 20 kilog., dont le prix de transport est de 40 fr. par 100 kilog. : on obtient 8 fr. pour le port, auquel on ajoute 10 centimes d'enregistrement, et l'on taxe 8 f. 10 c. (*voir l'art.* 104).

2° Passe-debout.

271. Tout article s'arrêtant dans un bureau pour se rendre à sa destination est frappé d'une taxe de 20 centimes dite *passe-debout.* Cette somme est portée dans une colonne spéciale sur le livre passe-debout, et dans la colonne du factage lorsqu'on se sert du livre facteur comme dans tous les petits bureaux.

Il n'est rien ajouté pour passe-debout aux prix indiqués au barême du transport de la finance pour les expéditions d'une valeur de 1,500 fr. et au-dessous.

La taxe du passe-debout est la même pour tous les bureaux, à l'exception de Lyon, Bordeaux et Paris. Dans les deux premières elle est de 25 centimes, et à Paris de 30 centimes (*voir l'art.* 150).

3° Factage.

272. Le factage est une taxe destinée à couvrir les frais de transport à domicile des articles, ou la garde des colis au bureau, lorsqu'ils sont adressés bureau restant. Cette taxe est appliquée d'après un tarif spécial pour la Messagerie et les finances. Ce tarif est le même pour tous les bureaux, à l'exception des villes de Lyon, Bordeaux et Paris.

Il comprend plusieurs catégories basées sur le poids, pour la Messagerie, et sur la valeur, pour les finances et objets valeurs.

On ne doit dans aucun cas et sous aucun prétexte appliquer une taxe plus élevée que celle indiquée au tarif du factage. Cette taxe est portée sur le livre facteur ou sur le livre bureau restant, dans la colonne du factage, et se totalise avec les autres sommes.

§ 4. *Tarif général.*

273. Le tarif général donne les prix de transport de la Messagerie et de la finance, au départ de Paris, pour toutes les destinations desservies directement par l'Administration. Ce tarif est par cela même très utile aux bureaux des départements pour y puiser les renseignements dont ils ont besoin. Sur la première page du tarif général se trouve le barême pour le transport de la finance. C'est d'après ce barême, ainsi qu'on l'a vu par ce qui précède, que doivent être appliquées les taxes pour les finances et les objets valeurs.

CHAPITRE III.

TARIFS DES TRANSPORTS EXCEPTIONNELS.

§ 1er. *Marchés particuliers.*

274. L'Administration fait avec certaines maisons de commerce, avec des compagnies d'assurances et des administrations particulières, des marchés pour le transport de certaines expéditions sur toutes les routes desservies par ses services ou par ceux de ses correspondants. Les Directeurs reçoivent à ce sujet des instructions spéciales.

275. Elle fait également des transports par abonnements à prix très réduits pour certains articles dits *primes*. Ces colis sont livrés franco par les Directeurs, à moins d'indications contraires sur les adresses. Les Directeurs doivent engager les entreprises correspondantes à se contenter de la portion qui leur est envoyée pour leur parcours ; et dans le cas où quelques-uns ne la trouveraient pas suffisante, ils doivent affranchir le port de ces colis et reprendre la différence sur l'Administration à Paris (*bureau des abonnements*).

§ 2. *Marchés avec le Gouvernement.*

1° Tarif du transport des fonds du Trésor.

276. Un traité spécial règle les conditions du transport des fonds du trésor public.

277. Ces prix sont établis à raison de *sept centimes par mille francs et par myriamètre* pour les envois de toutes natures, or, argent et billets de banque.

En ce qui concerne les parcours du chemin de fer, le prix est établi sur chaque ligne d'après les tarifs officiels des compagnies respectives.

Lorsque la distance sur le parcours de terre est telle que le prix du transport par mille francs ne s'élève pas au moins à cinquante centimes pour toute la distance, on applique le prix de cinquante centimes, c'est-à-dire que le minimum des taxes par mille francs est de cinquante centimes pour chaque portion de parcours de terre desservie par l'Administration ou ses correspondants.

278. Les sommes sur lesquelles le prix de transport est alloué sont arrondies par centaine de francs en négligeant les appoints de cinquante francs et au-dessous.

279. Pour le calcul des distances de terre, les fractions de myriamètre sont comptées comme un myriamètre en faveur de l'Administration, lorsqu'elles atteignent cinq kilomètres; mais au-dessous de cinq kilomètres, elles sont nulles.

280. Le factage dans les départements est fixé à *cinq centimes par mille francs* en arrondissant les sommes par mille francs et en négligeant les appoints de cinq cents francs et au-dessous.

281. Les envois d'espèces doivent être remis dans les bureaux de l'Administration, par les soins des Receveurs ou Comptables expéditeurs. Ces derniers doivent payer à cet effet un factage de *cinq centimes par mille francs*, lorsque les fonds sont pris à leur domicile par les Facteurs de l'Administration pour être transportés au bureau de départ.

282. Les envois d'espèces, or, argent et billets de

banque sont accompagnés d'un bordereau sur lequel les bureaux expéditeurs appliquent la taxe conformément à ce qui est indiqué d'autre part.

Les sommes dues pour transports effectués par l'Administration ou ses correspondants, pour le compte du trésor public, tant sur les parcours de terre que sur les lignes de chemins de fer, sont exclusivement réglées et payées à Paris. En conséquence, les Directeurs font reprise de ces sommes sur l'Administration en envoyant les bordereaux justificatifs au fur et à mesure des expéditions.

283. Les reprises faites pour cet objet par les correspondants qui ont adhéré au traité fait avec le ministère des finances, ne doivent être acceptées par les Directeurs qu'autant que les taxes du transport et du factage sont établies conformément aux clauses du traité. Toutes les différences qui résultent d'une fausse application des taxes de la part des correspondants sont rejetées lors de la vérification qui en est faite à Paris et reprises sur le Directeur qui a accepté sans examen le remboursement fait par les correspondants.

2° Tarif des transports de la marine.

284. L'Administration s'est chargée d'effectuer les transports des expéditions du ministère de la marine à des conditions particulières.

285. Celles qui règlent le transport des colis partant de Paris pour les départements, et réciproquement, sont indiquées sur un tableau-tarif dont un exemplaire est envoyé à chacun des bureaux auxquels il est nécessaire.

286. Les transports des colis d'un point à l'autre dans

les départements sont taxés au prix de 99 *centimes par* 100 *kilogr*. et par myriamètre, dans un délai calculé d'après les distances fixées au livre de poste, à raison de 24 myriamètres par jour et en comptant toute fraction de 24 myriamètres pour un jour; ce calcul est fait au réel, c'est-à-dire que pour obtenir le prix du transport on ne doit négliger aucune fraction de distance ni de poids quelle qu'elle soit, en énonçant le prix en francs et centimes : 5 millièmes ne se comptent pas, mais 6 millièmes comptent pour un centime.

287. Tout envoi doit être accompagné d'un bordereau indiquant le numéro d'ordre des colis, le service administratif de la marine qui fait l'expédition, les marques des colis, leur contenu, leur poids, le mode de transport, la destination et le destinataire, le prix de transport et le délai. L'Administration fournit ces bordereaux aux **Directeurs**, qui doivent les remettre aux bureaux de la marine de leur localité, ces bordereaux devant être dressés par les employés de la marine.

288. Les **Directeurs**, lorsqu'ils ont reçu les colis pour les expédier, indiquent sur le dos de cette pièce le montant du transport, le jour et l'heure du départ.

289. *A l'arrivée*, les **Directeurs** font constater, en livrant les colis au destinataire, le jour et l'heure de l'arrivée, et ils reprennent sur l'Administration, en envoyant cette pièce en règle, le montant du port des articles expédiés de **Paris** seulement. Quant aux transports effectués d'un point à l'autre dans les départements, ils sont acquittés par les destinataires immédiatement et lors de la livraison des colis, sous réduction de 3 p. % au profit de la caisse des invalides. Cette retenue est reprise immédiatement par les Directeurs sur l'Administration ou sur les correspondants qui ont effectué les transports.

CHAPITRE IV.

DES GRATIS ET DES PRIX DE COMPOSITION.

290. L'Administration accorde parfois la faveur de transports gratis ou à des prix réduits dits de *composition*.

§ 1er. *Des Places et des Bagages.*

291. En principe, aucune personne attachée à l'Administration en qualité de Directeur, Contrôleur, Surnuméraire, Employé, Facteur, Maître de poste, Relayeur, Postillon et Conducteur non en service, n'est admise à voyager gratis dans les voitures de l'Administration.

292. Celles d'entre lesdites personnes que les Directeurs, qui n'ont pas le temps d'en référer à l'Administration, croiraient dignes de mériter cette faveur, doivent payer, avant de monter en voiture, la moitié du prix de leur place, et le surplus est mis à régler, sauf à l'Administration à leur faire remise du surplus, et même de ce qu'elles ont payé, si elle le juge convenable.

293. Sont exceptées de cette disposition, celles des personnes ci-dessus qui voyagent par ordre ou autorisation de l'Administration. Les personnes étrangères à l'Administration qui ont obtenu des gratis sont porteurs d'une autorisation par écrit qui est jointe à la feuille ou qui est relatée sur la feuille.

294. Les Directeurs et les Conducteurs qui n'exigent

pas la moitié du prix des places en sont personnellement responsables, et il en est fait reprise sur eux.

295. Toute place de faveur doit être émargée sur la feuille par la personne à laquelle elle a été accordée. A défaut d'émargement, le Conducteur est responsable si le voyageur est descendu en route, autrement c'est le Directeur du bureau d'arrivée.

296. Tout employé dans une entreprise de Messageries autre que l'Administration, ne peut occuper de place gratuitement dans ses voitures, à moins qu'il ne soit porteur d'une autorisation écrite. Il doit payer sa place en entier et adresser une demande de détaxe à l'Administration, qui y fait droit s'il y a lieu.

297. Lorsqu'un Directeur est autorisé à accorder le gratis d'une place, d'une demi-place ou d'un tiers de place, ce gratis ne doit pas être calculé sur le prix intégral de la place, mais seulement sur la portion de prix après déduction faite des guides des Conducteurs, c'est-à-dire sur la portion qui profite réellement à l'Administration. Ainsi le gratis d'une demi-place de 15 fr., les guides étant de 2 fr., est de 6 fr. 50 c. ou moitié de 13 fr. Les guides des Conducteurs doivent donc toujours être portées en entier sur feuille.

298. Si un Directeur est autorisé, dans certaines circonstances, à réduire le prix des places en faveur de certains voyageurs, ce prix, dit de composition, doit être indiqué sur feuille par les lettres *P. C.* 15 *fr.* Toutes les fois que cette annotation manque, l'Administrattion fait reprise de la différence sur le Directeur.

299. Lorsqu'un Directeur accorde pour certains motifs et avec l'autorisation de l'Administration le gratis des excédants de bagages à un voyageur, il doit le mentionner sur feuille de cette manière : *bagages gratis*. Si l'Administration ne ratifie pas la concession faite, elle fait reprise du port sur le bureau.

300. Enfin, si cet excédant de bagage est taxé à un prix moindre que le tarif, il faut l'indiquer par les lettres *P. C.* suivies du prix convenu, autrement le Directeur s'exposerait à payer la différence.

§ 2. *De la Messagerie.*

301. Tout employé soit à Paris, soit dans les départements, qui, sous la dénomination d'*Avis*, se permet de masquer un article de marchandises, effets ou argent, s'expose à voir prendre contre lui des mesures très-sévères, sans préjudice du port de l'article.

302. Tout article non porté sur feuille, pour telle personne que ce soit, ou qui y serait porté sans poids, ou pour une partie du poids seulement, est taxé à la rigueur du tarif. Le port des articles non enregistrés est à la charge du Conducteur, et celui des articles portés sans poids, ou au-dessous du poids effectif, à celle de l'employé qui les a enregistrés ou du Facteur qui en a fait la pesée.

303. Les articles destinés aux Administrateurs, qu'ils soient ou non assujettis à la taxe, doivent être pesés, enregistrés et portés sur feuille avec déclaration du contenu.

Sont exceptés du gratis, le numéraire et la marchandise proprement dite.

304. Les employés auxquels l'Administration jugera à propos d'accorder le gratis, uniquement pour les co-

mestibles nécessaires à leur consommation personnelle, sont tenus de les faire enregistrer avec leur poids sur feuille. Ils ne peuvent se faire adresser aucun article sans en avoir obtenu par avance l'autorisation de l'Administration.

Les employés des autres entreprises de Messageries ne peuvent jouir de la faveur du gratis.

305. Chaque article gratis est visé par un Administrateur. Toutes les fois que l'Administrateur refuse son visa, l'article est taxé au prix le plus élevé du tarif et le port est laissé à la charge du bureau qui l'a enregistré.

306. Les paquets échantillons expédiés par une maison de commerce qui, par ses continuelles relations, jouit de la faveur de les envoyer gratis ou à prix réduit, doivent être affranchis lorsqu'ils sont destinés à des localités situées sur le parcours des correspondances pour la portion qui revient à ces correspondants. Le gratis ne peut jamais être accordé pour le parcours des chemins de fer.

307. Lorsqu'un Directeur est autorisé à faire une réduction sur le prix de transport d'un article, il doit le mentionner sur feuille, dans le corps même de l'enregistrement, par les lettres *P. C.* Toutes les fois que cette annotation manque, l'Administration fait reprise de la différence sur le bureau.

TITRE V.

DE LA COMPTABILITÉ DES BUREAUX.

308. Certains bureaux sont chargés de régler les dépenses des services de l'Administration et du soin d'opérer les recettes. On les désigne sous le nom de *bureaux comptables*. Ces bureaux sont en compte avec l'Administration. Les autres bureaux non comptables n'ont pas de comptes réguliers avec l'Administration, si ce n'est celui des factages et des remises à la fin de chaque trimestre. Ils se font rembourser au fur et à mesure qu'elles se produisent les dépenses qu'ils peuvent faire, telles que l'éclairage (dans certains bureaux seulement), les impôts directs, les droits de stationnement sur les places, etc., au moyen de reprises sur l'Administration (*voir les chapitres* 1er *et* 4e).

309. Pour l'intelligence des instructions qui suivent, il y a donc une distinction à bien établir entre les bureaux comptables et ceux qui ne le sont pas.

Toutes les fois qu'il sera question des premiers, on les désignera par les mots : *bureaux comptables ;* les seconds par celui-ci : *bureaux.*

CHAPITRE Ier.

DES REMBOURSEMENTS.

310. On appelle *reprise* ou *remboursement* l'opération

par laquelle on retient sur la feuille une certaine somme dont on veut se faire rembourser par un bureau ou par l'Administration.

311. Cette opération consiste à faire connaître par un avis à ce bureau ou à l'Administration l'objet pour lequel on prend en remboursement, en y joignant toutes les pièces justificatives à l'appui ; on inscrit cet avis sur le registre d'expédition, et de là sur la feuille, en le faisant suivre d'un déboursé dont l'importance égale la somme due. Ce déboursé est déduit de ce que le bureau peut avoir à payer au Conducteur (*voir le chapitre* 2), et de cette manière le Directeur se trouve payé de la somme qui lui est due.

L'enregistrement d'un avis en remboursement se fait conformément à *l'exemple n° 14.*

312. On se sert du même moyen pour le règlement des comptes de bureau à bureau (*voir chap.* 3, § 1er).

313. Cette manière de se rembourser pourrait entraîner de graves abus si elle n'était réglementée par les prescriptions suivantes que les bureaux doivent rigoureusement observer.

§ **1er.** *Des Remboursements des départements sur Paris.*

314. Tout remboursement non autorisé par l'Administration est rigoureusement refusé.

315. Toute demande d'autorisation est faite sur une formule spéciale dont les Directeurs sont pourvus, suivant leurs besoins, par l'Administration. On joint à la demande les pièces ou quittances, en indiquant avec soin le détail des dépenses pour chaque service ;

le tout est mis sous bande et porte pour suscription :

Valeur F^{cs.}

____

Bureau d

____

Messieurs les Administrateurs
des Messageries Impériales,

à Paris.

Ces pièces de dépenses sont retournées par l'Administration après examen et dans le plus court délai, avec autorisation, s'il y a lieu, de s'en couvrir sur elle. Il y est joint une bande toute préparée, indiquant le montant du remboursement. Cette autorisation doit accompagner la reprise à faire par le Directeur.

316. Tout remboursement doit être adressé directement à l'Administration. Ceux qui sont adressés nominativement à un chef de bureau ou employé du service administratif, à Paris, sont retournés sans avoir été ouverts. Il n'est fait d'exception que pour les remboursements concernant personnellement les Administrateurs et pour ceux qui sont adressés aux Directeurs des bureaux du service actif, à Paris, et qui ont trait à des règlements de compte, redressements de bordereaux, etc. Dans ce dernier cas, la suscription doit être ainsi libellée :

Remboursements F^{cs.}

____

Bureau d

____

M .   *, Directeur*
          du bureau

                    à Paris.

317. En aucun cas ces remboursements ne peuvent être adressés à des Contrôleurs, Facteurs ou Conducteurs.

318. Les Inspecteurs et les Directeurs seuls sont admis à prendre en remboursement. Ces derniers doivent refuser tous ceux qui leur seraient présentés, à moins que l'Administration ne les ait autorisés à les accepter.

§ 2. *Remboursements de bureau à bureau.*

319. Tout remboursement adressé par un bureau à un autre bureau ne doit concerner uniquement que les affaires de service. Les Inspecteurs ont ordre d'ouvrir les avis suivis de remboursement et de s'assurer qu'ils ne contiennent rien de contraire à cette disposition.

CHAPITRE II.

COMPTES AVEC LES CONDUCTEURS.

320. Chaque Conducteur doit tenir compte au Directeur comptable du service du produit net de ses feuilles, *aller et retour*. Il doit donc en recevoir tous les produits et régler, à chaque passage dans les bureaux, ses comptes avec les Directeurs, pour verser, à son retour, entre les mains du Directeur comptable, le produit entier de ses feuilles. Ces comptes des Conducteurs avec les bureaux s'établissent au moyen de bordereaux. Leur compte avec le bureau comptable n'est dressé qu'après le règlement des feuilles.

§ 1er. *Bordereaux de route.*

1° Au départ.

321. Au moment du départ, le Directeur additionne les arrhes, les ports payés et les portions ; il en déduit le montant des déboursés et remet la différence au Conducteur. Dans ce but, il établit un compte ou bordereau de ces différentes sommes. Ce bordereau est dressé, de la manière suivante, sur un registre spécial ou sur le registre d'expédition, à la suite des enregistrements.

Conducteur N..... départ du..... pour.....

Arrhes.	»	»
Ports payés et portions aux places......	»	»
Ports payés et portions à la Messagerie...	»	»
TOTAL......	»	»
A déduire :		
Déboursés sur feuille................	»	»
Reste à payer au ou **Reste à recevoir du** } **Conducteur...**	»	»

Copie de ce bordereau est faite sur la feuille, afin que le Conducteur puisse se rendre compte de ce qu'il a reçu ; puis le Directeur fait signer le registre par le Conducteur et paraphe lui-même son bordereau sur la feuille.

322. Lorsque les déboursés excèdent les sommes qu'il doit remettre au Conducteur, le Directeur peut ne régler avec ce dernier qu'au retour et, dans ce cas, il se borne à lui remettre les arrhes, les ports et les portions payées sur les bagages, en faisant parapher ces sommes sur le registre d'expédition ou sur l'agenda copie de feuille. Mais il est préférable de régler définitivement le départ en établissant un bordereau comme il est dit ci-contre.

323. Lorsque les relayeurs du service sont payés par course chaque jour, le Conducteur a besoin d'argent pour solder, à son passage aux relais, le prix des courses ; le Directeur comptable doit donc lui avancer une certaine somme, sous déduction des retenues à faire aux relayeurs (*voir l'art.* 350). Il se fait donner un reçu de cette somme par le Conducteur, sur un livre spécial.

2° En route.

324. Les bordereaux des Directeurs de route avec les Conducteurs s'établissent de la manière suivante : on tient compte des arrhes, des ports payés et portions aux places et à la Messagerie, et des ports sur les places et sur la Messagerie en destination du bureau, et on déduit les déboursés des articles de Messagerie partant, et les portions de ceux arrivant, comme suit :

Arrhes......................	»	»
Ports payés et portions, bagages.	»	»
Places dues à l'arrivée........	»	»
Ports payés et portions, Messagerie....................	»	»
Ports dus à l'arrivée, Messagerie.	»	»
	»	»

A déduire :

Déboursés au départ..........	»	»
Portions à l'arrivée..........	»	»

Reste à payer au
ou **Reste à recevoir du** } **Conducteur...** » »

325. Dans les petits bureaux de route, le Conducteur réglant directement avec les voyageurs le montant de leurs places, à l'arrivée, il n'y a pas lieu de le comprendre dans le bordereau.

326. Ce bordereau s'établit, sur la feuille de route, après l'enregistrement des articles de Messagerie ; il est signé du Directeur, afin que le Conducteur puisse toujours se rendre compte de ce qu'il a reçu ou payé ; il est inscrit également sur le registre d'expédition, à la suite des articles, et signé par le Conducteur.

3° A l'arrivée.

327. Le bordereau d'arrivée s'établit d'une manière plus simple encore : il ne comprend que les ports dus aux places et à la Messagerie, dont on déduit les portions ; exemple :

Ports dus aux places et bagages.	»	»		
Ports dus à la Messagerie.....	»	»		
			»	»
A déduire :				
Portions aux places et bagages..	»	»⎫		
Portions à la Messagerie......	»	»⎭	»	»
Reste à payer..........			»	»

Ce bordereau est tout à fait distinct du compte qui doit être fait au retour du Conducteur pour le règlement entier de son voyage, et dont il est question dans le paragraphe suivant.

§ 2. *Règlement des feuilles.*

328. Le Directeur du bureau d'arrivée doit régler la feuille d'aller, c'est-à-dire porter à la récapitulation des produits de la feuille chaque nature de produit. Ce règlement se fait en additionnant chacune des colonnes de la feuille, puis on ajoute les arrhes au montant des places dues, en distinguant celles de départ et celles de route ; les ports payés sur les bagages avec les ports dus, en établissant la même distinction ; enfin, les ports payés à la Messagerie avec les ports dus, en séparant toujours les produits du départ de ceux de la route ; le montant des guides est porté également à la récapitulation et déduit de la recette (*voir l'exemple n° 16*).

329. Le Directeur du bureau comptable, au retour des feuilles, vérifie le règlement de la feuille d'aller et rectifie les erreurs, s'il y a lieu ; puis il règle la feuille de retour de la manière indiquée à l'article précédent.

330. Les feuilles ainsi réglées sont jointes à un bordereau dont on remplit les blancs et qui est destiné à recevoir le compte des recettes et des dépenses de chaque feuille (*voir, pour l'établissement de ce bordereau, l'exemple n° 17*).

331. Le Conducteur doit tenir compte au bureau comptable de la recette de chaque feuille et des avances qu'il a reçues à son départ (*voir l'art.* 323), dont on déduit les somme payées par lui aux relayeurs (*lorsqu'elles se payent chaque jour par course*), et que l'on appelle *frais de conduite*, et les dépenses payées par lui en route pour passage de ponts, de barrières, etc., désignées sous le nom de *frais ordinaires.*

Chaque compte doit ètro établi sur un livre spécial par le Conducteur et par le Directeur comptable tout à la fois. Ce compte se dresse comme suit :

Feuille d'aller........	»	»
Feuille de retour......	»	»
Avances.............	»	»

    » »

A déduire :

Courses d'aller........	»	»
Id. de retour.....	»	»
Frais ordinaires (aller) .	»	»
Id. (retour).	»	»

    » »

Somme due par le Conducteur ou bien **Somme due au Conducteur** *s'il y a excédant de dépense*.....

    » »

332. Dans les bureaux comptables des départements, ce compte est indépendant du bordereau qui se fait à l'arrivée du Conducteur (*voir l'art.* 327).

CHAPITRE III.

COMPTES DE BUREAU A BUREAU ET D'EMPLOYÉS A EMPLOYÉS.

§ 1er. *De bureau à bureau.*

333. Les bureaux n'ont pas, à proprement parler, de comptes entre eux (*à l'exception de ceux placés sur des lignes de chemin de fer, et qui reçoivent des instructions particulières à ce sujet*). Les sommes que les bureaux peuvent se devoir réciproquement proviennent des affranchissements qu'ils sont appelés à faire pour le compte

du premier bureau expéditeur d'un article, lorsque l'en-
,registrement porte : *à livrer franco et à reprendre sur
le bureau de*..... Dans ce cas, ils font un extrait de la
feuille et prennent en remboursement le montant du
port sur le bureau qui a expédié l'article (*voir l'art.*109).

334. Certains bureaux placés à l'extrémité d'une
ligne de chemin de fer peuvent parfois avoir à reprendre le montant des arrhes versées à un autre bureau
situé à l'autre extrémité de la voie de fer, lorsque ce
bureau peut donner des places à l'avance dans les
services.

335. Les premiers peuvent avoir également à reprendre
sur les seconds le montant des ports payés et des portions
pour la Messagerie expédiée sur cette ligne de fer pour
être acheminée par les services, lorsque les Conducteurs
ne voyagent pas sur la voie de fer et ne peuvent par conséquent apporter avec eux ces ports payés et ces portions.
Les bureaux qui se trouvent dans ce cas reçoivent des
instructions tout à fait spéciales concernant les *services
de Messagerie par voie de fer.*

§ 2. *D'employés à employés.*

336. Dans les bureaux importants où le Directeur a
sous ses ordres un ou plusieurs Contrôleurs et Surnuméraires, chaque employé est chargé spécialement d'une
ou plusieurs routes. C'est lui qui règle avec le Conducteur les arrhes, les ports payés, les portions, les déboursés au départ, de même qu'au retour il lui tient
Compte des places et ports dus. Chaque employé doit donc
s'assurer qu'il a bien reçu tout ce qu'il doit compter au
conducteur. Or, comme tous les employés d'un bureau

peuvent avoir reçu des arrhes ou des ports payés, etc., pour toutes les routes indistinctement, principalement lorsqu'ils se suppléent l'un et l'autre à tour de rôle, ils doivent se rendre compte mutuellement de ce qui revient à chacun d'eux. Ils ont également des comptes avec leur Directeur et le Facteur, soit pour une chose, soit pour une autre. Tous ces comptes sont établis sur un livre spécial divisé par colonnes et sur lequel ils ouvrent un compte par *doit* et *avoir* à chaque employé du bureau.

337. Le Directeur organise suivant les circonstances et selon qu'il le juge convenable, sous sa responsabilité, les comptes entre les divers employés de son bureau, mais il doit se conformer aux prescriptions suivantes, arrêtées par délibération du 23 novembre 1844.

338. Les Contrôleurs doivent compter tous les jours tant avec leur Directeur qu'entre eux, et émarger réciproquement leur livre de compte.

En cas de déficit constaté dans la caisse d'un Contrôleur, l'Administration ne reconnaît comme faits de charge et ne rembourse que les deux derniers comptes, soit celui de la veille et de l'avant-veille du jour où le déficit a été constaté.

Tous les autres comptes, dettes, bons échangés entre employés, répétitions de Contrôleur à Conducteur, de Contrôleur à Facteur, et réciproquement, sont rejetés par l'Administration et considérés comme créances ordinaires.

339. Les Directeurs doivent en conséquence exiger avec rigueur que tout règlement de comptes se fasse en *espèces* et non au moyen de *bons*.

CHAPITRE IV.

DES PIÈCES DE DÉPENSE.

340. Les Directeurs sont appelés à payer plusieurs sortes de dépenses : les unes périodiques, telles que l'éclairage (lorsque cet éclairage se fait au gaz), le droit de stationnement sur la voie publique, etc. ; les autres soumises à diverses circonstances ou imprévues, telles que l'emploi momentané de chevaux de poste, renforts de chevaux, réparations au mobilier des bureaux ou au matériel, trinquettes ou pistes, etc.

341. Les dépenses faites par les Conducteurs en route ne doivent être acceptées que sous toutes réserves et lorsque le Conducteur a justifié de l'obligation où il était de faire ces dépenses.

342. Celles concernant le mobilier des bureaux et le matériel font l'objet d'instructions spéciales (*voir tit. 6, chap. 5 et 7*).

343. Quant aux trinquettes ou pistes données aux garçons d'hôtel, facteurs de chemins de fer ou de bateaux à vapeur, etc., pour les voyageurs qu'ils amènent au bureau, on ne doit les distribuer qu'avec circonspection et lorsque l'Administration en a donné l'autorisation.

344. Pour se faire rembourser de ces trinquettes ou pistes, les Directeurs doivent dresser chaque mois un état, par service, des sommes distribuées, en indiquant le nom des voyageurs qui y ont donné lieu, et la date des feuilles sur lesquelles ils sont inscrits. Ces états sont envoyés, dans les cinq premiers jours du mois suivant, à l'Administration qui en fait vérifier l'exactitude et donne au Directeur, s'il y a lieu, l'autorisation de s'en rembourser sur elle.

345. *Toutes les pièces de dépense sans exception* doivent être visées par l'inspecteur : ce visa doit être motivé.

346. Lorsque cette formalité est remplie, le Directeur les envoie à l'Administration, séparément et non en bloc, en accompagnant chacune d'elles d'une note explicative.¹ Lorsque l'examen des dépenses a été fait, les pièces sont retournées au Directeur avec l'autorisation, s'il y a lieu, de se rembourser de leur importance.

347. Pour éviter que les pièces de dépenses et généralement toutes les pièces comptables ne s'égarent en route, on doit indiquer sur la suscription la mention suivante :

Pièces comptables, valeur fr.....

On doit faire attention à ne pas inscrire seulement le mot *valeur,* cette formule étant réservée aux plis qui renferment des billets de banque, effets en recouvrement ou autres papiers valeurs.

CHAPITRE V.

COMPTES DES BUREAUX COMPTABLES AVEC LES RELAYEURS ET MAITRES DE POSTE.

§ 1ᵉʳ. *Frais de conduite.*

348. Les relayeurs sont payés par course chaque jour par les Conducteurs, ou tous les mois sur un état fourni par l'Administration.

349. Lorsque les relayeurs sont payés par course à chaque passage de la voiture, les Directeurs reçoivent des feuilles dites *de courses* indiquant la somme à payer à chaque relayeur; ils en remettent un exemplaire à chacun des Conducteurs du service.

350. Les relayeurs peuvent avoir reçu de l'Administration des avances sur le prix de leurs courses. Dans ce cas les Directeurs en sont informés : une lettre de l'Administration leur indique le chiffre de l'avance faite, le montant de la retenue à opérer chaque jour sur les courses, et l'époque à laquelle cette retenue doit commencer.

351. Les Directeurs doivent donc avoir un livre sur lequel est ouvert un compte à chacun des relayeurs qui ont reçu des avances et au crédit duquel ils portent toutes les retenues faites à ces derniers. Le Conducteur étant chargé d'opérer la retenue, au moment de son départ, le Directeur doit lui compter en moins sur la somme qu'il lui avance toutes les retenues. qu'il doit faire aux relayeurs.

352. Chaque mois les Directeurs doivent envoyer à l'Administration le montant des retenues opérées dans le mois. Cet envoi doit être accompagné d'une lettre explicative indiquant les sommes à porter au crédit de chaque relayeur.

353. Lorsque le montant des retenues faites à un relayeur égale le chiffre de l'avance qui lui a été accordée, les retenues doivent cesser immédiatement. Il est donc important, pour éviter les erreurs et les réclamations, d'inscrire avec soin chaque jour toutes les retenues opérées.

354. Lorsque les relayeurs sont payés par mois, les Di-

recteurs reçoivent à la fin du mois un état des sommes dont ils ont à faire l'envoi aux entrepreneurs de relais. *Cet envoi doit se faire dans les cinq premiers jours du mois suivant.* La somme due à chaque relayeur doit être renfermée dans un sac ficelé et cacheté, avec une adresse indiquant le nom et le domicile du relayeur et le montant de ses courses. Chaque sac est enregistré sur le registre d'expéditions et sur la feuille de route comme un article ordinaire, mais sans taxe ; l'état mensuel doit être émargé par chacun des relayeurs et renvoyé de suite à l'Administration, ou compris dans le compte mensuel.

355. Lorsque cet état mentionne des sommes à retenir aux relayeurs, la caisse générale en retient le montant à Paris ou en fait reprise sur le bureau comptable, selon que ce bureau fournit ou non un compte mensuel (*voir les art.* 365, 366 *et* 367).

356. Les Directeurs ne doivent payer aux relayeurs rien au delà de ce qui est porté sur les états, et n'apporter aucun changement dans les sommes inscrites, sans en avoir reçu l'ordre de l'Administration.

357. Il leur est interdit de prêter de l'argent aux entrepreneurs de relais à titre d'avance et d'opérer des retenues sur leurs courses pour se couvrir des sommes que ces derniers pourraient leur devoir.

§ 2. *Du Droit de poste.*

358. Le droit de poste est payé aux maîtres de poste à la fin de chaque mois sur états dressés par la division de la Messagerie ou par les Inspecteurs. Les Directeurs doivent aussitôt réception de ces états et au plus tard dans les cinq premiers jours du mois remettre la somme

nécessaire au Conducteur chargé de payer, en ayant soin d'indiquer le nom de ce dernier sur l'état. Le Conducteur doit rapporter l'état régulièrement émargé par tous les maîtres de poste.

Les Directeurs doivent donc s'assurer, au retour du Conducteur, que cette formalité est bien remplie, afin de faire réparer les omissions qu'ils remarqueraient dans les émargements.

359. Lorsque l'état est bien régularisé, le Directeur doit le renvoyer immédiatement à l'Administration ou le comprendre dans son compte mensuel.

360. Les Directeurs ne doivent rien faire payer aux maîtres de poste au delà de ce qui est porté sur les états, ni rien changer dans la confection de ces états sans en avoir reçu l'ordre de l'Administration. Si les maîtres de poste soulèvent quelques réclamations, les Directeurs doivent se borner à les transmettre à l'Administration.

CHAPITRE VI.

DES FONDS DE CAISSE.

361. Certains Directeurs reçoivent des fonds de caisse. L'importance de ces fonds varie suivant les besoins du bureau et la nature de l'emploi auquel ils sont destinés.

362. Le plus souvent ces fonds sont affectés à faire des avances aux Conducteurs pour le payement des courses des relayeurs lorsqu'il a lieu chaque jour. Certains bureaux en ont aussi besoin pour des règlements de compte avec des correspondants, ou pour les opérations que nécessitent les formalités de douane, etc.

363. Les Directeurs qui ont des fonds de caisse doivent se rendre compte chaque jour de l'emploi des sommes qui leur ont été confiées à ce titre : c'est le seul moyen d'éviter les erreurs et les pertes. Ils doivent avoir un registre spécial de caisse pour cet usage.

364. Les Inspecteurs sont chargés de vérifier la position financière des bureaux de leur inspection. Les Directeurs doivent donc toujours tenir leurs écritures au courant et d'une manière claire, afin de rendre facile cette vérification de leur caisse. Tout désordre laisse supposer une fausse situation.

CHAPITRE VII.

COMPTES DES BUREAUX COMPTABLES AVEC L'ADMINISTRATION.

365. Certains bureaux comptables règlent tous les dix jours avec l'Administration. Ils envoient leurs états de dizaine avec l'excédant des recettes, ou se remboursent de l'excédant des dépenses.

366. D'autres, tout en réglant également par dizaine, quant aux états, sont autorisés à garder les recettes jusqu'à la fin du mois, époque à laquelle ils produisent un compte mensuel dans lequel entrent d'un côté les recettes par dizaine, de l'autre les seules dépenses suivantes : *frais de conduites, indemnités* et *droit de poste.*

367. D'autres enfin sont admis à présenter chaque mois un compte régulier pour chaque service, lequel compte comprend les recettes par dizaine également et *les dépenses de toutes natures* concernant chaque service.

Ces derniers bureaux sont tenus comme les autres d'envoyer régulièrement des états de dizaine.

§ 1er. *Des Comptes de dizaine.*

368. Lorsque les feuilles sont réglées comme on l'a vu (*titre* 5, *chap.* 2, § 2), on inscrit chaque jour sur un livre spécial le solde du bordereau soit en recette soit en dépense, et tous les dix jours, les 10, 20, 30 ou 31 de chaque mois on établit un compte de tous les bordereaux. Ce compte se fait sur un imprimé spécial dont on doit suivre exactement les indications.

369. On établit un bordereau de dizaine pour chaque service. Lorsque ce travail est terminé, on dresse un second bordereau réunissant tous les excédants de recettes ou de dépenses des bordereaux de dizaine. Ce second bordereau est détaché du livre à souche dont les Directeurs sont pourvus par l'Administration et adressé aux Administrateurs avec le solde, s'il est en recettes, ou contre remboursement, s'il est en dépenses.

La suscription du pli renfermant ce bordereau doit être ainsi libellée:

<table>
<tr><td>Avec</td><td>F^r</td><td>C^{es}</td></tr>
<tr><td>ou Remboursement</td><td>F^r</td><td>C^{es}</td></tr>
</table>

Messieurs les Administrateurs.

(Comptabilité générale.)

Paris.

370. Quant aux bordereaux de dizaine, ils sont adres-

sés séparément à l'Administration avec la suscription
suivante :

Service d   **à**

———

Messieurs les Administrateurs.

(Bureau de la vérification.)

Paris.

371. Les feuilles doivent être envoyées tous les deux
jours à Paris et non tous les dix jours.

372. Les bureaux comptables qui font partie de la
deuxième catégorie (*voir l'art.* 366) se bornent à envoyer
leur bordereau de dizaine ainsi qu'il est dit à l'art. 370,
et leur bordereau général dont il est question à l'article 369 ; mais ils gardent le montant de ce dernier
bordereau, et ils en créditent le compte de l'Administration, s'il est en recettes, ou l'en débitent, s'il est en
dépenses.

§ 2. *Comptes mensuels.*

373. Les bureaux compris dans la deuxième catégorie
(*voir l'art.* 366) établissent à la fin de chaque mois un
compte qui se compose, d'une part, des recettes par
dizaine, conformément aux états envoyés par eux ; de
l'autre, des dépenses de *frais de conduite, indemnités* et
droit de poste, en se conformant aux états ordonnancés
par l'Administration. Toutes autres dépenses doivent
être écartées de ce compte. En l'adressant à l'Administration on doit envoyer également le solde du compte

s'il est en recettes, et lorsque ce solde dépasse 2,000 fr.; dans le cas contraire, on le porte à nouveau au crédit de l'Administration, et il fait partie du compte du mois suivant; si le solde du compte est en dépenses, on s'en couvre par un remboursement sur l'Administration.

374. Les bureaux qui font partie de la troisième catégorie (*voir l'art.* 367) établissent un compte mensuel pour chaque service séparément. Ces comptes comprennent, d'une part, les recettes du service par dizaine conformément aux états de dizaine ; de l'autre, toutes les dépenses qui concernent le service, en ayant soin de les diviser par nature de dépenses, telles que les *frais de conduite mensuels, les indemnités, le droit de poste, les frais de régie, les dépenses de route, les réparations de matériel, les trinquettes ou pistes, etc.* Ces comptes sont vérifiés à **Paris,** et toute dépense non motivée ou non acceptée est rejetée du compte.

375. Les Directeurs doivent faire l'envoi de leurs comptes dans les dix premiers jours de chaque mois.

CHAPITRE VIII.

COMPTES DES REMISES ET DU FACTAGE.

§ 1er. *Remises.*

376. Les bureaux dont tout ou partie du traitement des employés consiste en remise sur les produits à raison de tant pour cent, doivent établir, à la fin de chaque trimestre, un relevé du nombre et du produit des voyageurs, ainsi que du nombre et du produit des articles de Messagerie remis par eux aux services.

377. Ce relevé ne doit présenter que des totaux par départ ; il doit en être fourni un particulier par chaque service. Le total des guides ou pourboires des Conducteurs est déduit du total général , les remises n'étant accordées sur les produits que sous déduction des guides.

378. Lorsqu'un Directeur de route *fait retenir* des places dans les bureaux de départ, il n'a droit à la remise que sur la moitié de ces places , l'autre moitié entre dans les produits du bureau de départ qui les a données. Mais, pour que ces sortes d'opérations puissent se reconnaître à la vérification qui en est faite à Paris, il est nécessaire que chacun des Directeurs des deux bureaux établisse une distinction de ces places, et qu'il n'en porte que moitié seulement dans le produit du départ dont elles font partie.

379. Il résulte des termes de cette disposition que, lorsque les places sont retenues par les *voyageurs* eux-mêmes, la totalité de la remise est due aux Directeurs des bureaux de départ. Ces derniers, dans ce cas, doivent le mentionner sur feuille : *A prendre à............* *et retenue par le voyageur.*

380. Lorsque le relevé des produits est établi, on doit en additionner avec soin les différentes colonnes, savoir :

1º Produit des voyageurs et de leurs bagages ;
2º Produit des objets de chargement ;
3º Total des produits par départ;
4º Pourboires payés aux Conducteurs.

L'addition de la troisième colonne sert de preuve aux deux premières.

381. On doit remplir avec soin celle des pourboires. Ce travail ne présente aucune difficulté puisque le tarif indique le chiffre des pourboires dus pour chaque place. Le montant de cette colonne est déduit du total de la troisième colonne. Cette déduction faite, on établit sur un imprimé spécial la récapitulation du produit de chaque service, de manière à présenter le produit général du bureau, et l'on compte la remise qui lui revient à raison de tant pour cent alloué au bureau.

382. La date que l'on indique en regard de chaque produit ne doit pas être le jour où les voitures passent à chaque bureau, mais bien la date même de la feuille.

383. Les états de produit et la récapitulation des états une fois terminés, on envoie le tout à l'Administration qui, après vérification, fait ordonnancer le produit des remises et adresse à chaque bureau la somme qui lui revient.

384. Ces états doivent être envoyés dans les dix premiers jours qui suivent l'expiration de chaque trimestre; à défaut, le bureau de la vérification établit d'office les comptes de remises.

385. Un arrêté de l'Administration du 25 février 1851 dispose que les Contrôleurs des bureaux participent, concurremment avec les Directeurs et dans la proportion des remises qui leur sont attribuées, à la prime de 1 p. % allouée sur le montant des abonnements aux journaux.

386. Pour établir cette répartition qui doit se faire également par trimestre, par les soins du Directeur et d'après un relevé pris sur le livre des abonnements, on divise le montant de la prime totale du trimestre par la quotité des remises allouées en bloc aux Directeurs et

Contrôleurs, et l'on multiplie ensuite le quotient de cette division par la quotité individuelle : le résultat donne la portion revenant à chacun.

Ainsi, par exemple, la quotité des remises allouées en bloc à un bureau étant de 8 p. %, dont 5 p. % pour le Directeur et 3 p. % pour un Contrôleur, le Directeur a droit à cinq parties de la prime et le Contrôleur à trois parties.

Lorsque le traitement des Contrôleurs consiste entièrement en appointements fixes, ces derniers n'ont pas droit à cette remise.

§ 2. *Factages.*

1° Bureaux qui ont la jouissance du produit des factages.

387. Certains bureaux ont la jouissance du produit des factages, dont le montant, en principe, doit être employé à payer leur Facteur. Les bureaux de peu d'importance sont tous généralement compris dans ce nombre.

Leurs livres facteurs doivent toujours être bien tenus et chaque page additionnée, afin que l'Administration puisse toujours se rendre compte de l'importance du produit des factages par la vérification que les Inspecteurs doivent en faire souvent (*voir l'art.* 461).

2° Bureaux qui tiennent compte à l'Administration du produit des factages.

388. Les bureaux d'une certaine importance et qui sont désignés par l'Administration doivent rendre compte du produit des factages.

389. Dans ce but ils établissent, à la fin de chaque trimestre, un relevé du montant des factages de leur bureau. Ce relevé se fait sur un état dont la formule est, à peu de chose près, la même que celle des états de produits qui servent à établir les remises.

Trois colonnes sont destinées à recevoir le total des factages de ville, bureau restant et passe-debout, par chaque arrivée ; une quatrième est réservée au total des trois premières. On additionne avec soin chacune de ces colonnes : l'addition de la dernière est la preuve des trois autres.

390. Il doit être fourni un état par service ; la date que l'on indique en regard des produits doit être la date des feuilles et non celle des arrivées.

391. Lorsque tous les états sont terminés, on récapitule leur produit sur le même imprimé qui sert également à la récapitulation des états de remises, dans la colonne réservée pour cet objet. Puis on établit sur la feuille *recto* de cet imprimé le décompte des remises et des factages. Ce décompte se dresse de la manière suivante :

Remises et Factages.

2ᶜ TRIMESTRE 1855.   DIRECTION DE NANTES.

Décompte du Directeur.

DOIT :

Factages	de ville	420. 50	
	Passe-debout	60. 25	555. 85
	Bureau restant	75. 10	

AVOIR :

Les remises établies à raison de 4 p. ⁰/₀ sur un produit de 51,250 fr., montant de la récapitulation des états ci-joints, ci....... 512. 50

Partant le Directeur aura sauf vérification..........{ à recevoir ou à payer.... 43. 35

Le Directeur,

Dans l'exemple précédent, le Directeur se trouve devoir à l'Administration, sauf vérification, une somme de 43 fr. 35 c.

392. On adresse à Paris tous les états et la feuille de récapitulation, mais sans y joindre le montant des factages que le Directeur retient pour se couvrir provisoirement de tout ou de partie des remises attribuées à son bureau. Lorsque la vérification des états est faite, on balance le décompte trimestriel du Directeur par une reprise sur lui ou par un envoi en espèces, selon que le total du factage de son bureau est au-dessus ou au-dessous de ses remises.

393. Les états de factages doivent être envoyés dans les dix premiers jours qui suivent l'expiration du trimestre.

TITRE VI.

OBJETS DIVERS.

CHAPITRE Ier.

DES LETTRES ET AVIS DE SERVICE.

394. La loi du 26 août 1790 et les arrêtés des 26 ventôse an **VII** et 27 prairial an **IX** attribuent à l'Administration des postes le transport exclusif des lettres et journaux, et interdisent aux entreprises de Messageries de s'immiscer dans ce transport. Il n'est fait exception que pour les papiers uniquement relatifs au service personnel des entrepreneurs.

395. Mais cette faculté n'est laissée aux entreprises qu'à certaines conditions fixées par un arrêté du Ministre des finances du 30 janvier 1854 qui dispose que « les « papiers relatifs au service personnel des entrepreneurs « de transports de toute espèce devront être transportés « à découvert ou sans bandes, de manière que la vérifi- « cation puisse en être faite sans obstacle, soit par les « employés des postes et des autres services financiers, « soit par les agents de la force ou de la sûreté publi- « que. » Il est stipulé en outre que les papiers dont il s'agit doivent être uniquement destinés aux propres agents de l'exploitation surla ligne qu'elle dessert. Les avis de service remis par des entreprises correspondantes ou concurentes ne peuvent donc jouir du bénéfice de l'exception.

396. En conséquence toutes les lettres, avis, pièces et papiers de toute nature uniquement relatifs au service personnel de l'Administration doivent voyager sous bandes, placées en forme de croix, de telle sorte que la vérification en soit possible aux agents de l'autorité. Ils doivent en outre être inscrits nominativement par ordre de numéro sur la feuille de route et porter sur l'adresse l'indication du bureau expéditeur et le contre-seing de l'envoyeur.

397. Toutes les lettres qui, par leur objet ou leur destination, sont étrangères au service personnel de l'Administration, ou pour lesquelles il y aurait inconvénient à voyager à découvert ou sous bandes, doivent être affranchies et jetées à la poste.

398. Les procès-verbaux et les poursuites correction-nelles qu'entraîneraient les contraventions à la décision ministérielle du 30 janvier 1854, sont laissés à la charge des employés qui y donnent lieu.

399. L'exécution rigoureuse de la législation sur les postes peut faire opérer la saisie des papiers de rempla-çants et des colis dont le poids est moindre d'un kilo-gramme. Pour éviter ces contraventions dont les suites sont toujours onéreuses, les Directeurs ne doivent se charger des papiers de remplaçants qu'autant qu'ils sont remis à découvert, inscrits sur feuille et transportés sans enveloppes ni cachets. Ils ne doivent accepter le transport des colis pesant moins d'un kilogramme que renfermés sous toile ou sous bois.

Les conséquences de l'inexécution de ces prescriptions restent à la charge des bureaux qui contreviennent.

400. Les Directeurs des départements ont souvent

l'habitude d'adresser une partie de leur correspondance aux Chefs de service et Employés des bureaux du service administratif au lieu de l'envoyer directement à l'Administration. Ce mode d'opérer nuit à l'ensemble des opérations, peut causer des erreurs graves et engager sérieusement la responsabilité des Directeurs. Ces derniers sont invités en conséquence à s'abstenir de toute correspondance particulière en ce qui concerne les affaires de service. Toutes les lettres et avis doivent être adressés aux Administrateurs et porter la suscription suivante :

SERVICE DES MESSAGERIES IMPÉRIALES.

Bureau d

Messieurs les Administrateurs.

Paris.

Les lettres et avis de service doivent toujours être inscrits sur les feuilles et sur les registres.

CHAPITRE II.

DES AVARIES ET PERTES.

401. Les objets dont le transport est confié à l'Administration, et qui par leur nature sont soumis aux visites des employés des octrois, de la régie et des douanes, etc., éprouvent souvent des détériorations qui donnent lieu, soit contre l'Administration, soit contre les agents des administrations publiques qui les ont visités, à des plaintes aux conséquences desquelles on doit chercher autant que possible à se soustraire.

402. Dans ce but, toutes les fois qu'une visite de colis s'opère dans un bureau, tant par les agents de la douane, des octrois, etc., que par la gendarmerie, le Directeur ou l'un des Contrôleurs ne doit pas manquer d'y assister. Il fait mention de l'opération sur la feuille de route, en indiquant la date de la visite, par qui elle a été faite, et les avaries que la marchandise pourrait avoir souffertes antérieurement. S'il pense que l'avarie doit être attribuée au peu de soin avec lequel la visite a été effectuée, il en fait également mention sur la feuille. On conçoit toutefois que, pour ne pas mécontenter les agents des administrations publiques, on doit apporter dans cette opération toute la réserve nécessaire.

403. Lorsqu'un article arrive en mauvais état, mal conditionné, mouillé, brisé ou autrement, on doit le peser avec beaucoup de soin, afin de s'assurer si son poids est bien conforme à celui porté sur feuille, et mentionner la différence qu'on aurait pu constater, ainsi que l'état dans lequel il se trouve ; cette mention doit être contresignée du Conducteur.

404. Lorsqu'un article manque sur feuille, si la voiture arrivant le lendemain ne l'apporte pas, on doit immédiatement le signaler au bureau expéditeur. Si ce bureau est certain de l'avoir expédié, il y a lieu de supposer qu'il a été égaré dans quelque bureau de route, où il aura été déchargé par erreur. Dans ce cas, le bureau expéditeur doit faire circuler sur la route une feuille d'avis donnant le signalement du colis, et qui est présentée par le Conducteur à tous les bureaux. Chaque Directeur doit faire connaître, sur cette feuille d'avis, s'il a ou non connaissance de l'article réclamé.

405. Il en est de même des bagages des voyageurs qui auraient pu être déchargés par erreur sur quelque point de la route. C'est au bureau placé dans la localité où le voyageur s'est arrêté, à faire circuler sur la route la feuille d'avis.

406. Si le colis égaré ne se retrouve pas, on doit en aviser immédiatement l'Administration.

407. En cas de sinistre, d'incendie par exemple, qui entraînerait la perte d'un ou de plusieurs colis, on doit en donner avis immédiatement à l'Administration, en lui signalant les objets perdus, la date de la feuille, le nom des destinataires, etc.

CHAPITRE III.

DES ARTICLES EN SOUFFRANCE.

408. Il arrive souvent que des articles expédiés de Paris ou de tout autre bureau, et refusés par les destinataires, sont de suite renvoyés aux expéditeurs sans attendre leurs ordres ou ceux de l'Administration. Une telle manière d'opérer est aussi nuisible aux intérêts du commerce qu'à ceux de la Compagnie. En effet, un article refusé peut être placé dans la même ville d'après une nouvelle destination que lui donne l'expéditeur.

409. Ainsi donc, lorsqu'un article est refusé par le destinataire, le Directeur doit envoyer au bureau expéditeur un extrait de la feuille (*voir l'art.* 420) plié en

forme d'avis, sur lequel est relaté le refus motivé du destinataire, et garder entre ses mains l'article jusqu'à nouvel ordre.

410. Aussitôt que l'extrait est parvenu au bureau de départ, l'expéditeur est prévenu du refus de son article, et, d'après sa réponse, le Directeur est informé de la nouvelle destination à donner à l'article, ou reçoit l'ordre de le renvoyer à l'expéditeur.

411. Si un avis de refus ne reçoit pas de réponse immédiate, on doit le renouveler de huit jours en huit jours, jusqu'à ce qu'on ait reçu une réponse satisfaisante. Pour sauvegarder sa responsabilité, le Directeur, en inscrivant son avis sur feuille, doit mentionner l'objet de cet avis, de cette manière :

Un avis concernant un colis refusé
par (**le nom du destinataire**).

412. Si un colis reste en souffrance au bureau par suite d'une fausse adresse ou de l'absence du destinataire, on doit immédiatement en informer l'expéditeur par l'intermédiaire du bureau de départ.

413. Les colis qui renferment des comestibles susceptibles de se détériorer ou de se corrompre doivent être vendus immédiatement au mieux des intérêts de l'expéditeur. Cette vente ne doit se faire qu'après en avoir obtenu l'autorisation du commissaire de police.

414. Les articles bureau restant et dont l'enlèvement n'aurait pas eu lieu dans un certain délai, doivent être signalés également à l'expéditeur.

415. Si après toutes ces démarches certains colis restent en souffrance, ils doivent être mis dans un endroit réservé et sous clef autant que possible. Chaque bureau doit avoir un registre sur lequel sont inscrits ces colis par ordre d'entrée, afin que les renseignements nécessaires puissent être fournis lors de leur renvoi à l'Administration pour la vente au profit des Domaines.

416. Conformément aux dispositions du décret du 10 août 1810, qui fixe à six mois le terme du dépôt des colis, bagages, etc., non réclamés et en ordonne la vente après ce délai au profit du trésor public, les Directeurs doivent renvoyer au bout de six mois tous les colis, bagages, etc., non retirés et qui sont en souffrance dans leur bureau.

417. Le renvoi de ces articles doit être accompagné d'un extrait du registre contenant les indications suivantes d'une manière très-exacte :

1° La date de la première expédition ;

2° Le point de départ ;

3° Le nom de l'expéditeur ;

4° Le nom du destinataire ;

5° Le poids de chaque article ;

6° Le numéro des réclamations auxquelles aurait donné lieu chaque article.

Ces renseignements doivent être indispensablement fournis pour tous les articles renvoyés.

CHAPITRE IV.

DES RÉCLAMATIONS.

418. Les transports de Messagerie dans une exploitation aussi considérable que celle des Messageries Impériales, donnent souvent lieu à des réclamations de la part des expéditeurs ou des destinataires.

En effet, tous les articles transportés peuvent ne pas avoir été rendus à destination, soit par suite d'erreurs des employés lors de l'enregistrement des articles; soit par suite d'une fausse adresse mise par l'expéditeur, ou bien parce que l'un des articles aura été échangé contre un autre, ou encore parce que le port sera plus élevé que les conventions faites; enfin parce que le transport n'aura pas été effectué dans le délai voulu, bien qu'en Messagerie, il n'y ait d'autre délai que celui moralement nécessaire pour le transport de l'article à grande vitesse.

419. Les Directeurs doivent accueillir avec empressement toutes les réclamations qui peuvent leur être adressées dans l'un ou l'autre de ces cas et y donner suite sans le moindre retard ; de même qu'ils doivent répondre sans perdre de temps à toute réclamation qui leur est adressée par un bureau, et faire les recherches nécessaires pour y donner satisfaction ; c'est là le seul moyen de satisfaire la clientèle et de la conserver.

420. Toute réclamation doit être accompagnée d'un extrait de la feuille.

Cet extrait se fait sur un imprimé spécial sur lequel on indique la date de la feuille, du registre d'expédition ou du livre facteur ; la désignation du service et le nom du Conducteur. Cet extrait doit donner la copie exacte de l'enregistrement et être certifié conforme par le Directeur.

421. Les réclamations partant du bureau qui en est spécialement chargé à Paris, portent toutes un numéro

d'ordre qu'on doit rappeler dans la réponse. Pour faciliter le travail des bureaux, un endroit est réservé sur la feuille même de réclamation pour y recevoir la réponse du Directeur. Cette réponse doit être claire et précise pour éviter de nouvelles demandes.

422. On doit suivre *à la lettre* les instructions données relativement à des articles de Messagerie qui ont soulevé des réclamations. La responsabilité du Directeur s'y trouve engagée.

423. Les abonnements aux journaux donnent aussi lieu à des réclamations de la part des abonnés qui ne reçoivent pas exactement leurs journaux ou primes d'abonnement. Les Directeurs doivent les accueillir et les transmettre à l'Administration, en accompagnant chacune d'elles d'un extrait du livre des abonnements aux journaux et d'une bande d'adresse du journal.

CHAPITRE V.

DU MATÉRIEL.

§ 1er. *Des Voitures.*

424. Le bon entretien des voitures est une des conditions indispensables d'un bon service. La sécurité des voyageurs aussi bien que l'intérêt de l'Administration exigent que rien ne soit négligé sous ce rapport.

425. Les Directeurs doivent donc veiller à ce qu'elles soient toujours en bon état. Dans ce but, à l'arrivée de chaque voiture, ils doivent procéder par eux-mêmes ou faire procéder par un ouvrier habile à une visite minu-

tieuse de la voiture et commander les réparations nécessaires, dont ils surveillent l'exécution.

426. La propreté de la voiture doit également attirer
leur attention. Aussitôt son arrivée et immédiatement
après le déchargement, elle doit être lavée par les Aides-
Facteurs ; les coussins et les garnitures intérieures en
sont battus avec soin ; puis on la remise à l'abri des
injures du temps jusqu'au moment du départ.

427. Lorsque ce moment approche, les Directeurs
doivent s'assurer que toutes les réparations ont été faites
et que la voiture est en état de supporter le voyage.

428. Ils veillent également à ce qu'elles soient munies
de l'estampille et du laissez-passer délivrés par l'Administration des contributions indirectes. L'estampille doit
être placée dans un endroit apparent, ordinairement
sous la coquille du siége du Postillon, et le laissez-passer
dans une poche en cuir qui se trouve sous le coussin du
coupé. Les voitures doivent en outre porter dans l'intérieur de chaque compartiment un tableau sur lequel
sont imprimés les articles de 28 à 38 inclusivement du
décret du 10 août 1852 (*voir l'art.* 455), avec l'indication du prix des places depuis le point de départ jusqu'au
point d'arrivée. Chaque compartiment doit également
porter à l'extérieur le nombre de places qu'il renferme.

429. Lorsqu'une voiture est tout à fait en mauvais
état et ne peut supporter de réparations, les Directeurs
doivent en informer immédiatement l'Administration,
en même temps qu'ils en donnent avis à leur Inspecteur.

§ 2. *Du Matériel de rechange.*

430. Des dépôts de matériel de rechange sont établis dans un grand nombre de bureaux. Ce matériel, comme son nom l'indique, est destiné au remplacement des pièces d'une voiture, brisées ou usées. Il doit être placé dans un lieu convenable, de façon à ce qu'il ne puisse éprouver de détérioration.

431. Lorsque les besoins du service exigent le remplacement de l'une des pièces de la voiture, le Directeur du bureau où se trouve un dépôt fournit immédiatement la pièce nécessaire, si toutefois elle est en sa possession, et il garde en son lieu et place la pièce remplacée ou les morceaux de cette pièce; puis par le plus prochain départ il envoie cette pièce, soit à Paris, soit au dépôt central le plus voisin, en adressant à l'Administration une demande pour le renouvellement de cet objet, afin que son dépôt ne se trouve jamais dégarni. Cette demande doit être faite d'une manière claire et précise.

432. Aussitôt la réception de cette demande du Directeur, l'Administration fait l'envoi de la pièce demandée en l'accompagnant d'une lettre double dont le premier folio mentionne la pièce envoyée et dont le second sert au Directeur pour en accuser réception. Ils doivent donc le détacher du premier folio et le retourner à l'Administration après en avoir rempli les blancs.

433. Chaque pièce du dépôt de matériel de rechange doit être inscrite sur un registre sur lequel on mentionne également les mutations opérées dans le dépôt : c'est-à-dire que lorsqu'on fournit une pièce à une voiture, on

indique sur ce registre la date, le numéro de la voiture, le nom du Conducteur et la désignation de la pièce fournie. Ce livre doit être tenu avec soin pour la confection des inventaires (*voir l'art.* 438).

§ 3. *Des Réparations.*

434. Les réparations sont commandées par les Directeurs lorsqu'ils en ont reconnu l'utilité. Ils doivent en surveiller l'exécution et les vérifier avec soin, de manière à prévenir toute dépense fictive.

435. Les Directeurs de route doivent également surveiller toutes les réparations demandées par les Conducteurs et s'opposer à ce qu'il en soit fait d'inutiles, et dans le cas où ils les ont reconnues nécessaires, ils en font mention sur la feuille de visa.

436. Les réparations une fois faites, on doit en faire dresser un mémoire sur un imprimé spécialement destiné à cet usage, en ayant soin d'indiquer le numéro de la voiture, la date du départ ou du passage de la voiture et le nom du Conducteur. Ce mémoire est signé par le charron ou le carrossier qui a fait l'ouvrage, et remis au Directeur qui l'adresse à l'Administration par le plus prochain départ. Lorsque le mémoire a été vérifié à la section des ateliers, il est retourné au Directeur, avec l'autorisation d'en payer le montant, s'il y a lieu, au charron ou au carrossier, contre son acquit. Le Directeur se rembourse de cette dépense sur l'Administration.

437. Lorsque l'état de la voiture nécessite une forte réparation, on doit en demander l'autorisation à l'Administration avant de la faire exécuter, et cette demande doit être accompagnée d'un devis des travaux à faire. Il est expressément défendu aux Directeurs de commander toute réparation qui n'est pas d'urgence , sans y être autorisés.

§ 4. *Des Inventaires.*

438. Chaque année les Directeurs doivent dresser un inventaire des objets de rechange qui se trouvent en dépôt à leur bureau ou chez le carrossier chargé de l'entretien des voitures. Cet inventaire comprend également tous les objets faisant partie du mobilier des bureaux (*voir l'art.* 452).

439. On dresse cet inventaire sur un imprimé spécial. La première page est destinée à la nomenclature de toutes les pièces du matériel de rechange dont on indique la quantité et l'état dans lequel il se trouve. On y mentionne également le nombre et le numéro des véhicules en station ou en remise dans la localité. Les bureaux de départ doivent faire connaître en outre le nombre et le numéro des voitures en circulation sur chaque route.

Le verso de cette feuille d'inventaire est réservé aux objets composant le mobilier du bureau dont on indique la quantité et l'état dans lequel les objets se trouvent.

L'inventaire est signé par le Directeur et remis par lui à l'Inspecteur qui l'adresse à l'Administration après l'avoir visé.

440. Les Directeurs sont responsables de tous les objets, tant de matériel de rechange que de mobilier, qui leur sont confiés. Le prix de ceux qui sont égarés

ou détériorés par suite du manque de soins est laissé à leur charge.

CHAPITRE VI.

DES ACCIDENTS.

441. A l'arrivée de chaque voiture les Directeurs doivent se faire rendre compte par les Conducteurs de tous les accidents de quelque nature que ce soit qui leur sont arrivés en route. Tout accident doit être mentionné avec détails sur la feuille de visa.

442. S'il s'agit du bris de l'une des pièces de la voiture, il faut immédiatement commander les réparations nécessaires (*voir les art.* 434 *et* 436).

443. En cas de verse ou en cas de blessure à une ou plusieurs personnes, soit par suite de la verse, soit par le fait du passage de la voiture, les Directeurs en font dresser immédiatement procès-verbal, si cette formalité a été omise par le Conducteur, contrairement à son règlement. Ce procès-verbal est signé de tous les voyageurs et mentionne leur adresse et leur domicile, afin que l'on puisse recourir à leur témoignage en cas de besoin. Cette pièce est envoyée de suite à l'Administration, et copie en est adressée à l'Inspecteur.

444. Dans les cas de blessures, les Directeurs doivent multiplier leurs démarches pour éteindre dès l'origine toute réclamation ; au besoin ils transigent au mieux des intérêts de l'Administration si la somme nécessaire pour la transaction n'excède pas 100 francs. Dans tous les cas ils doivent en instruire immédiatement l'Administration en lui fournissant tous les détails qui sont à leur connaissance.

CHAPITRE VII.

DES BUREAUX.

§ 1er. *Locations et sous-locations.*

445. Les loyers des bureaux dans les départements sont payés à l'échéance de leurs différents termes. L'Administration ordonnance, dans ce but, à la fin de chaque mois, les fonds nécessaires qu'elle adresse aux bureaux dont les termes sont payables. Les Directeurs doivent donc attendre que les fonds leur soient parvenus. Cet envoi est accompagné d'une lettre explicative et d'une quittance à faire signer par le propriétaire, qui doit faire précéder son acquit de la mention : *Bon pour quittance.* Cette quittance doit être renvoyée sans retard à l'Administration. En cas de perte de cette pièce, il faut en demander au propriétaire une seconde *par duplicata.*

446. Quant aux sous-locations, lorsque l'Administration sous-loue une partie des locaux dont elle a la jouissance elle s'en rembourse sur les Directeurs, à l'époque des échéances, au moyen d'une reprise. Ces derniers se couvrent de cette reprise sur les sous-locataires. Les Directeurs doivent donc attendre la reprise qui est faite sur eux pour cet objet et ne pas envoyer les fonds. Toutefois, si, par omission, l'Administration ne faisait pas cette reprise, les Directeurs doivent l'en aviser, afin qu'elle puisse réparer sans retard cet oubli.

§ 2. *Impôts.*

1° Contribution des portes et fenêtres.

447. Dans quelques localités, la contribution des

portes et fenêtres est à la charge de l'Administration et
est remboursée par elle aux propriétaires. L'importance
de cet impôt ne doit pas être comprise dans la quittance
du loyer, mais bien faire l'objet d'une note séparée que
les Directeurs envoient à l'Administration en lui deman-
dant l'autorisation d'en prendre le montant en remboursement (*voir l'art.* 315). Après examen, l'Administration donne, s'il y a lieu, cette autorisation.

2° Contribution personnelle et mobilière. Vérification des poids
et mesures.

448. Par délibération du 20 février 1840, l'Administration a arrêté que la contribution personnelle et
mobilière continuerait à être supportée par les Directeurs
de ses bureaux, de même que les frais de vérification
des poids et mesures. Cette dernière opération est faite
à leurs risques et périls.

Toute demande adressée à l'Administration pour être
autorisé à reprendre sur elle le montant de cette contribution et de la vérification des poids et mesures, est en
conséquence rejetée.

3° Contribution municipale pour le stationnement des voitures
sur la voie publique.

449. Ce droit de stationnement est payé par l'Administration. Les Directeurs doivent s'assurer, avant d'en
solder le montant, que la taxe n'excède pas le tarif et
ne frappe pas un nombre de voitures plus élevé que
celui qui stationne réellement sur la voie publique.

La quittance est adressée à l'Administration avec
demande pour être autorisé à s'en couvrir par reprise.
On doit attendre cette autorisation.

§ 3. *Des Frais de bureau.*

450. Les bureaux d'une certaine importance reçoivent une somme fixe par an pour leurs frais de bureau.

Ces frais comprennent l'éclairage (celui au gaz excepté), le chauffage, les fournitures de bureau, la contribution personnelle et mobilière, les frais de vérification des poids et mesures, les ustensiles nécessaires à la propreté intérieure et extérieure du bureau, etc.

451. L'éclairage au gaz est payé par l'Administration sur quittances des compagnies. Les Directeurs s'en font rembourser, en se conformant aux prescriptions qui règlent les pièces de dépense (*voir l'art.* 340).

§ 4. *Du Mobilier des bureaux.*

452. Les Directeurs sont responsables du mobilier de leur bureau. Il doit toujours être tenu en bon état. Le détail de tous les objets qui le composent doit figurer sur le livre du matériel de rechange. On indique également sur ce livre toutes les mutations qui s'opèrent dans le mobilier.

453. Lorsqu'un objet a besoin de réparations, ou lorsque les exigences du service nécessitent une nouvelle installation dans l'intérieur du bureau, les Directeurs doivent s'en entendre préalablement avec les Inspecteurs et présenter à l'Administration un devis des travaux à faire. Il est expressément défendu aux Directeurs de commander l'exécution de semblables travaux avant d'avoir reçu l'autorisation de l'Administration.

Toute acquisition nouvelle d'objets mobiliers doit être également autorisée par elle.

454. Lorsqu'un objet est usé et que son remplacement est indispensable, on doit faire la demande de cet objet à l'Administration, qui en fait l'envoi s'il se trouve dans les Ateliers, ou qui autorise son achat dans la localité même.

455. La loi exige que parmi le mobilier du bureau il se trouve un tableau sur lequel sont imprimés les articles 17 à 38 inclusivement du décret du 10 août 1852. Ces articles sont les suivants :

Décret du 10 août 1852.

« **Art. 17.** Les entrepreneurs des voitures publiques « allant à destination fixe déclareront le siége principal « de leur établissement, le nombre de leurs voitures, « celui des places qu'elles contiennent, le lieu de desti- « nation, les jours et heures de départ et d'arrivée. Cette « déclaration sera faite, dans le département de la Seine, « au préfet de police, et, dans les autres départements, « aux préfets ou sous-préfets.

« Ces formalités ne seront obligatoires pour les entre- « preneurs actuels qu'au renouvellement de leurs voi- « tures, ou lorsqu'ils en modifieront la forme ou la « contenance.

« Tout changement aux dispositions arrêtées par suite « du premier paragraphe du présent article donnera « lieu à une déclaration nouvelle.

« **Art. 18.** Aussitôt après les déclarations faites en « vertu des paragraphes 1 et 2 de l'article précédent, le « préfet ou le sous-préfet ordonne la visite des voitures,

« afin de constater si elles sont entièrement conformes à
« ce qui est prescrit par les articles ci-après, de 19 à 29
« inclusivement, et si elles ne présentent aucun vice de
« construction qui puisse occasionner des accidents.
« Cette visite, qui pourra être renouvelée toutes les fois
« que l'autorité le jugera nécessaire, sera faite en pré-
« sence du commissaire de police, par un expert nommé
« par le préfet ou le sous-préfet.

« L'entrepreneur a la faculté de nommer, de son côté,
« un expert pour opérer contradictoirement avec celui
« de l'Administration.

« La visite des voitures ne peut être faite qu'à l'un
« des principaux établissements de l'entreprise ; les frais
« sont à la charge de l'entrepreneur.

« Le préfet prononce sur le vu du procès-verbal
« d'expertise et du rapport du commissaire de police.

« Aucune voiture ne peut être mise en circulation
« avant la délivrance de l'autorisation du préfet.

« Art. 19. Le préfet transmet au Directeur des con-
« tributions indirectes copie, par extrait, des autorisa-
« tions par lui accordées en vertu de l'article précé-
« dent.

« L'estampille prescrite par l'article 117 de la loi
« du 25 mars 1817 n'est délivrée que sur le vu de cette
« autorisation, qui doit être inscrite sur un registre
« spécial.

« Art. 20. La largeur de la voie pour les voitures
« publiques est fixée au minimum à un mètre soixante-
« cinq centimètres (1ᵐ,65), entre le milieu des jantes de
« la partie des roues reposant sur le sol.

« Toutefois, si les voitures sont à quatre roues, la

« voie de devant pourra être réduite à un mètre cin-
« quante-cinq centimètres (1^m,55).

« En pays de montagnes, les entrepreneurs peuvent
« être autorisés par les préfets, sur l'avis des ingénieurs
« et des agents voyers, à employer des largeurs de voies
« moindres que celles réglées par les paragraphes précé-
« dents, mais à la condition que les voies seront au
« moins égales à la voie la plus large des voitures en
« usage dans la contrée.

« **Art. 21.** La distance entre les axes des deux es-
« sieux, dans les voitures publiques à quatre roues,
« sera égale au moins à la moitié de la longueur des
« caisses mesurées à la hauteur de leur ceinture, sans
« pouvoir néanmoins descendre au-dessous de un mètre
« cinquante-cinq centimètres (1^m,55).

« **Art. 22.** Le maximum de la hauteur des voitures
« publiques, depuis le sol juqu'à la partie la plus élevée
« du chargement, est fixé à trois mètres (3^m) pour les
« voitures à quatre roues, et à deux mètres soixante cen-
« timètres (2^m,60) pour les voitures à deux roues.

« Il est accordé, pour les voitures à quatre roues.
« une augmentation de dix centimètres (0^m,10), si elles
« sont pourvues à l'avant-train de sassoires et contre-
« sassoires formant chacune au moins un demi-cercle
« de un mètre quinze centimètres (1^m,15) de diamètre,
« ayant la cheville ouvrière pour centre.

« Lorsque, par application du troisième paragraphe
« de l'article 20, on autorisera une réduction dans la
« largeur de la voie, le rapport de la hauteur de la voi-
« ture avec la largeur de la voie sera, au maximum, de
« un trois quarts.

« Dans tous les cas, la hauteur est réglée par une

« traverse en fer placée au milieu de la longueur affectée
« au chargement, et dont les montants, au moment de
« la visite prescrite par l'article 17, sont marqués d'une
« estampille constatant qu'ils ne dépassent pas la hau-
« teur voulue; ils doivent, ainsi que la traverse, être
« constamment apparents.

« La bâche qui recouvre le chargement ne peut dé-
« border ces montants ni la hauteur de la traverse.

« Il est défendu d'attacher aucun objet en dehors de
« la bâche.

« Art. 23. Les compartiments des voitures publiques
« seront disposés de manière à satisfaire aux conditions
« suivantes :

« Largeur moyenne des places, quarante-huit centi-
« mètres (0^m,48) ;

« Largeur des banquettes, quarante-cinq centimètres
« (0^m,45) ;

« Distance entre deux banquettes, quarante-cinq cen-
« timètres (0^m,45) ;

« Distance entre la banquette du coupé et le devant
« de la voiture, trente-cinq centimètres (0^m,35) ;

« Hauteur du pavillon au-dessus du fond de la voi-
« ture, un mètre quarante centimètres (1^m,40) ;

« Hauteur des banquettes, y compris le coussin,
« quarante centimètres (0^m,40) ;

« Pour les voitures parcourant moins de vingt kilo-
« mètres et pour les banquettes à plus de trois places,
« la largeur moyenne des places pourra être réduite à
« quarante centimètres (0^m,40).

« Art. 24. Il peut être placé sur l'impériale une
« banquette destinée au Conducteur et à deux voyageurs,

6.

« ou à trois voyageurs lorsque le Conducteur se placera
« sur le même siége que le cocher.

« Cette banquette, dont la hauteur, y compris le cous-
« sin, ne dépassera pas trente centimètres (0^m,30), ne
« peut être recouverte que d'une capote flexible.

« Aucun paquet ne peut être chargé sur cette ban-
« quette.

« Art. 25. Le coupé et l'intérieur auront une por-
« tière de chaque côté.

« La caisse de derrière ou la rotonde peut n'avoir
« qu'une portière ouverte à l'arrière.

« Chaque portière sera garnie d'un marchepied.

« Art. 26. Les essieux seront en fer corroyé, de
« bonne qualité, et arrêtés à chaque extrémité, soit par
« un écrou assujetti au moyen d'une clavette, soit par
« une boîte à huile, fixée par quatre boulons traversant
« la longueur du moyeu, soit par tout autre système qui
« serait approuvé par le ministre des travaux publics.

« Art. 27. Toute voiture publique doit être munie
« d'une machine à enrayer agissant sur les roues de
« derrière et disposée de manière à pouvoir être ma-
« nœuvrée de la place assignée au Conducteur.

« Les voitures doivent être en outre pourvues d'un
« sabot et d'une chaîne d'enrayage, que le Conducteur
« placera à chaque descente rapide.

« Les préfets peuvent dispenser de l'emploi de ces
« appareils les voitures qui parcourent uniquement des
« pays de plaine.

« Art. 28. Pendant la nuit, les voitures publiques
« seront éclairées par une lanterne à réflecteur placée à
« droite et à l'avant de la voiture.

« Art. 29. Chaque voiture porte à l'extérieur, dans

« un endroit apparent, indépendamment de l'estampille
« délivrée par l'Administration des contributions indi-
« rectes, le nom et le domicile de l'entrepreneur, et
« l'indication du nombre des places de chaque compar-
« timent.

« Art, 30. Elle porte à l'intérieur des comparti-
« ments : 1° le numéro de chaque place ; 2° le prix de
« la place depuis le lieu de départ jusqu'à celui d'ar-
« rivée.

« L'entrepreneur ne peut admettre dans les compar-
« timents de ses voitures un plus grand nombre de voya-
« geurs que celui indiqué sur les panneaux, conformé-
« ment à l'art. 29.

« Art. 31. Chaque entrepreneur inscrit sur un re-
« gistre coté et paraphé par le maire le nom des voya-
« geurs qu'il transporte ; il y inscrit également les
« ballots et paquets dont le transport lui est confié.

« Il remet au Conducteur, pour lui servir de feuille
« de route, une copie de cet enregistrement, et, à chaque
« voyageur, un extrait en ce qui le concerne, avec le
« numéro de sa place.

« Art. 32. Les Conducteurs ne peuvent prendre en
« route aucun voyageur, ni recevoir aucun paquet sans
« en faire mention sur les feuilles de route qui leur ont
« été remises au point de départ.

« Art. 33. Toute voiture publique dont l'attelage ne
« présentera de front que deux rangs de chevaux pourra
« être conduite par un seul postillon ou un seul co-
« cher.

« Elle devra être conduite par deux postillons ou par
« un cocher et un postillon, lorsque l'attelage compor-
« tera plus de deux rangs de chevaux.

« **Art. 34.** Les postillons ou cochers ne pourront, sous
« aucun prétexte, descendre de leurs chevaux ou de
« leurs siéges.

« Il leur est enjoint d'observer, dans les traversées des
« villes et des villages, les règlements de police concer-
« nant la circulation dans les rues.

« **Dans** les haltes, le Conducteur et le postillon ne
« peuvent quitter en même temps la voiture tant qu'elle
« reste attelée.

« **Avant** de remonter sur son siége, le Conducteur
« doit s'assurer que les portières sont exactement fer-
« mées.

« **Art. 35.** Lorsque, contrairement à l'article 9 du
« présent décret, un roulier ou conducteur de voiture
« n'aura pas cédé la moitié de la chaussée à une voiture
« publique, le Conducteur ou postillon qui aurait à se
« plaindre de cette contravention devra en faire la dé-
« claration à l'officier de police du lieu le plus rapproché,
« en faisant connaître le nom du voiturier d'après la
« plaque de sa voiture.

« **Les** procès-verbaux de contravention seront sur-le-
« champ transmis au procureur de la République, qui
« fera poursuivre les délinquants.

« **Art. 36.** Les entrepreneurs de voitures publiques,
« autres que celles conduites par les maîtres de poste,
« feront, à Paris, à la préfecture de police, et dans les
« départements, à la préfecture ou sous-préfecture du
« lieu où sont établis leurs relais, la déclaration des
« lieux où ces relais sont situés et du nom des relayeurs.

« **Une** déclaration semblable sera faite chaque fois
« que les entrepreneurs traiteront avec un nouveau re-
« layeur.

« **Art. 37.** Les relayeurs ou leurs préposés seront pré-
« sents à l'arrivée et au départ de chaque voiture, et
« s'assureront par eux-mêmes, et sous leur responsabi-
« lité, que les postillons ne sont pas en état d'ivresse.

« La tenue des relais, en tout ce qui intéresse la sû-
« reté des voyageurs, est surveillée, à Paris, par le pré-
« fet de police, et dans les départements, par les maires
« des communes où ces relais se trouvent établis.

« **Art. 38.** Nul ne peut être admis comme postillon
« ou cocher, s'il n'est âgé de seize ans au moins et por-
« teur d'un livret délivré par le maire de la commune
« de son domicile, attestant ses bonnes vie et mœurs et
« son aptitude pour le métier qu'il veut exercer. »

§ 5. *Des Imprimés.*

456. Tous les imprimés nécessaires aux bureaux
pour les besoins du service sont fournis gratuitement
par l'Administration, à l'exception des livres facteurs à
l'usage des bureaux qui jouissent du produit des factages.
Les Directeurs de ces bureaux doivent en rembourser le
coût à l'Administration.

457. Il est interdit d'une manière formelle aux Directeurs de faire confectionner des imprimés sans l'autorisation de l'Administration. Cette autorisation n'est donnée que très-rarement.

458. Les Directeurs ne doivent pas attendre qu'il ne
leur reste plus que quelques exemplaires d'un imprimé
pour en faire la demande à l'Administration. Cette demande doit indiquer d'une manière précise l'imprimé
dont ils ont besoin, ainsi que la quantité, et mentionner
le numéro d'ordre de l'imprimé.

459. Il est sévèrement interdit d'employer à tout autre usage qu'au service de l'Administration les imprimés qu'elle envoie à un bureau. Généralement il se fait un gaspillage très-blâmable des imprimés : il est du devoir des Directeurs de l'empêcher. Dans ce but les imprimés doivent être renfermés dans un endroit réservé et distribués aux employés au fur et à mesure de leur besoin. Les Directeurs doivent se faire rendre compte de leur emploi.

460. Il est également défendu de se servir des imprimés de l'Administration pour les services correspondants ; les seuls imprimés dont l'usage puisse être toléré pour ces services sont les *livres d'expédition* et les *livres facteurs* ; mais dans ce cas, les correspondants doivent en rembourser le prix à l'Administration. Quant aux autres, tels que *bulletins d'arrhes*, *bulletins d'enregistrement*, et, en général, tous ceux qui portent en tête le nom des *Messageries impériales*, ils ne peuvent, sous aucun prétexte, être employés pour le service des correspondants. Les Directeurs sont personnellement responsables de toutes les conséquences qui pourraient en résulter.

6. *De la Tenue des registres.*

461. Les registres doivent être bien tenus ; les enregistrements écrits d'une manière claire et lisible, sans interlignes ni ratures autant que possible ; les taxes bien appliquées et toutes les colonnes additionnées.

On ne doit pas surcharger l'écriture, afin d'éviter tout soupçon de fraude ; s'il y a eu erreur dans l'enregistrement, il faut biffer cet enregistrement et inscrire immédiatement au-dessous le nouvel enregistrement. Aucun grattage n'est autorisé. Ces prescriptions s'appliquent également aux enregistrements faits sur les feuilles de route.

462. A la fin de chaque trimestre les livres facteurs, de ville et passe-bout, terminés ou non, doivent être clos et arrêtés quel que soit le numéro plus ou moins avancé de la page. Les livres non terminés ne sont repris, pour être mis en usage, que trois mois après, afin qu'il soit toujours loisible à l'Administration de demander l'envoi pendant cet intervalle de temps, si besoin est, de tous les livres du trimestre écoulé pour en vérifier les produits. Cette dernière disposition concerne spécialement les bureaux qui rendent compte à l'Administration du produit des factages.

463. Les livres, une fois terminés, doivent être renfermés avec soin, et par ordre, dans un endroit réservé, pour être consultés en cas de besoin. On place sur le dos de chaque registre une étiquette indiquant la date du commencement du registre et l'époque à laquelle il a été terminé. Ces registres sont envoyés aux archives de l'Administration au bout d'un certain laps de temps, et lorsqu'elle en fait la demande.

§ 7. *De la Tenue du personnel.*

464. Les Contrôleurs et Employés étant sans cesse en rapport avec le public, doivent avoir une mise propre et convenable. Les Directeurs doivent y veiller.

465. Les Facteurs et Aides-Facteurs sont en tenue d'uniforme. Cette tenue est ainsi décrite par les règlements :

Uniforme des Facteurs.

« *Casquette* (1) plate en drap bleu de roi ; impériale
« en cuir verni ; le derrière du tour garni de cuir verni ;
« les initiales *M. I.* brodées en laine jaune sur le de-
« vant du tour ; visière et attaches en cuir verni.

« *Veste* (2) ronde en drap bleu de roi ; col droit ;
« galon jaune au collet ; liséré jaune aux devants et aux
« manches ; revers carrés boutonnant par cinq gros bou-
« tons en cuivre verni et portant la légende des Messa-
« geries ; deux poches à l'extérieur lisérées de jaune, et
« deux poches en peau à l'intérieur.

« *Cravate ou col noir.*

« *Gilet* (3) droit en drap bleu de roi, liséré de jaune ;
« poches en peau ; six boutons en cuivre verni, petite
« dimension.

« *Pantalon* (4) en drap bleu de roi, cuir-laine fort,
« liséré de jaune sur les côtés extérieurs ; basane de
« 30 centimètres au bas des jambes ; poches en peau
« (*tenue d'hiver*).

---

(1) Le prix de la casquette est de 6 francs, chez Groult, tailleur, 8, rue Coq-Héron. Envoyer la grosseur de la tête.

(2) Le coût de la veste est de 38 à 45 francs, suivant la qualité, chez Groult, tailleur, 8, rue Coq-Héron. Envoyer la mesure exacte. Cette mesure doit donner les indications suivantes : longueur du dos prise à 5 centimètres plus bas que les hanches ; largeur de carrure, position du coude ; longueur des manches ; longueur des devants ; grosseur de la poitrine ; grosseur de ceinture (ces deux dernières mesures doivent être prises sur le gilet). Toutes ces indications doivent être données avec soin ; il faut indiquer en outre si la personne est droite ou renversée. Envoyer, si c'est possible, une vieille veste.

(3) Le prix du gilet est de 13 francs, chez Groult, tailleur, 8, rue Coq-Héron. La mesure doit indiquer la longueur prise à la pointe des devants à partir du milieu du col ; la grosseur de poitrine et celle de ceinture.

(4) Le coût du pantalon avec la basane est de 32 francs, chez le même La mesure à envoyer doit donner les indications suivantes : longueur du côté ; longueur de l'entre-jambes ; grosseur des cuisses ; grosseur de ceinture.

« *Pantalon* (1) en coutil bleu rayé de blanc, avec une
« seule bande bleue sur le côté ; largeur de la bande :
« 4 centimètres (*tenue d'été*).

« *Blouse* (2) en cotonnade bleue rayée ; col rabattu,
« doublé de drap jaune ; lettres *M. I.* brodées en laine
« bleue sur les deux coins du col ; liséré jaune sur le
« devant, les épaules et les poignets. (*Cette blouse ne*
« *peut être portée par les Facteurs que pendant l'opé-*
« *ration du chargement et du déchargement des voitures*
« *ou fourgons.*)

« *Plaque* (3) de Facteur, en cuivre verni, sur le côté
« gauche de la veste. »

466. Les Facteurs et Aides-Facteurs doivent toujours
porter leur plaque afin de mettre le public à même de les
distinguer des Facteurs des autres entreprises.

467. La tenue d'uniforme est obligatoire ; la blouse
n'est tolérée aux Facteurs que pendant le chargement et le déchargement des voitures ; mais ils ne doivent pas faire de tournée en ville sans être dans la tenue
prescrite par les règlements.

468. Il est interdit aux Conducteurs de se présenter
au bureau ou aux alentours du bureau dans une autre
tenue que celle d'uniforme ; les Directeurs doivent y tenir la main avec sévérité.

---

(1) Le coût du pantalon de coutil est de 8 à 10 francs, suivant la
qualité, chez le même. Voir la note d'autre part.

(2) Le coût de la blouse est de 6 francs, chez A. Marlier, 204, rue
Saint-Martin. S'adresser au siége de l'Administration, où il en est établi
un dépôt. Les blouses sont confectionnées pour trois tailles : grande,
moyenne, petite ; la demande doit donc indiquer quelles sont la taille et
la grosseur de la personne.

(3) Les plaques sont fournies par Ameling, passage du Saumon, 65,
au prix de 5 francs. Il fournit également les boutons et galons.

Cette tenue est ainsi décrite par les règlements :

Uniforme des Conducteurs.

« *Casquette* (1) en drap bleu de roi ; forme ronde à
« soufflet ; le devant du tour brodé en or : *le caducée*
« *entre deux branches de laurier ;* le derrière du tour
« garni de cuir verni ; fond du soufflet brodé : *ornement*
« *en forme de roue ;* visière et attaches en cuir verni.

« *Veste* (2) ronde en drap bleu de roi ; pointe der-
« rière ; poches extérieures sur les côtés, deux poches
« intérieures à portefeuille en peau ; galons de laine sur
« les coutures du dos ; quatre pattes fixes sur le devant,
« également galonnées : le galon doit avoir **15** milli-
« mètres de largeur ; col brodé en or : *un guipé tout*
« *autour, dents en haut, cor de chasse dans l'intérieur*
« *de chaque côté.*

« *Cravate ou col noir.*

« *Gilet* (3) droit en drap bleu de roi ; six boutons en
« cuivre verni portant la légende des **Messageries**.

« *Pantalon* (4) en drap bleu de roi, avec basane au

(1) Le coût de la casquette est de 9 francs, chez Groult, tailleur, 8, rue Coq-Héron. Envoyer la mesure du tour de tête.

(2) Le prix de la veste ordinaire est de 55 francs tout compris, chez Groult, tailleur, 8, rue Coq-Héron. Envoyer la mesure exacte. Cette mesure doit donner les indications suivantes: longueur du dos prise à 5 centimètres plus bas que les hanches; largeur de carrure; position du coude; longueur des manches; longueur des devants; grosseur de la poitrine; grosseur de ceinture (ces deux dernières mesures doivent être prises sur le gilet). Toutes ces indications doivent être données avec soin; il faut indiquer en outre si la personne est droite ou renversée. Envoyer, si c'est possible, une vieille veste.

(3) Le prix du gilet est de 13 francs, chez Groult, tailleur, 8, rue Coq-Héron. La mesure doit indiquer la longueur prise à la pointe des devants à partir du milieu du col; la grosseur de poitrine et de la ceinture.

(4) Le coût du pantalon de drap est de 35 francs, avec basane, chez Groult, tailleur, 8, rue Coq-Héron. La mesure à envoyer doit donner les indications suivantes : longueur du côté; longueur de l'entre-jambes; grosseur des cuisses; grosseur de ceinture.

« bas des jambes; hauteur de la basane : 30 centi-
« mètres; poches en peau (*tenue d'hiver*).

« *Pantalon* (1) en coutil bleu rayé blanc, avec une
« seule bande bleue sur les côtés extérieurs; largeur de
« la bande : 4 centimètres (*tenue d'été*).

« *Blouse* (2) en cotonnade bleue rayée; col rabattu,
« doublé de drap jaune; lettres *M. I.* brodées en
« laine bleue sur les deux coins du col; liséré jaune
« sur le devant, les épaules et les poignets. (*Cette blouse*
« *ne peut être portée par les Conducteurs que pendant*
« *le voyage.*)

« *Plaque* (3) de Conducteur, en cuivre doré, sur le
« côté gauche de la veste. »

469. Tous les objets sont expédiés de Paris contre
remboursement. (*S'adresser directement aux fournis-*
seurs par lettre affranchie.)

470. Les Conducteurs employés aux services des dépêches doivent, *en outre* de la plaque des Messageries,
porter la plaque de l'Administration des Postes. Il en
est envoyé aux Directeurs le nombre nécessaire. Elles
font partie du mobilier de leur bureau, et ils en sont
responsables; c'est à eux à s'en faire rembourser le coût,
qui est de 4 fr., par les Conducteurs, lorsqu'ils les
égarent.

---

(1) Le prix du pantalon de coutil est de 10 francs, chez Groult, tailleur.
Voir pour les mesures la note d'autre part.

(2) Le coût de la blouse, tout compris, est de 6 francs, chez A. Marlier, rue Saint-Martin, 204. S'adresser au siége de l'Administration, où
il est établi un dépôt. Les blouses sont confectionnées pour trois tailles
différentes : grande, moyenne, petite : la demande doit donc indiquer
quelles sont la taille et la grosseur de la personne.

(3) Le prix de la plaque en cuivre doré est de 7 francs, chez Ameling, graveur, passage du Saumon, 65. Ce graveur fournit également
les boutons.

471. Il est expressément défendu de fumer dans l'intérieur du bureau.

CHAPITRE VIII.

DES CORRESPONDANCES.

472. Les services correspondant avec ceux de l'Administration se font par voie de fer, voie d'eau ou voie de terre. Des traités ou des conventions verbales règlent leurs rapports avec l'Administration. Les Directeurs doivent se conformer à ces conventions.

473. Quelques-uns des services de diligences qui correspondent avec l'Administration descendent dans ses bureaux. Dans ce cas, les Directeurs sont chargés des opérations de ces services. La part contributive dans les frais de bureau que payent ces Entreprises entre dans la caisse de l'Administration, qui, dans certaines circonstances, en abandonne le montant aux Directeurs, mais seulement lorsque cela fait partie des conditions de leur nomination.

474. Tous les Directeurs qui ne se trouvent pas dans ce cas doivent envoyer régulièrement, à chaque terme, le montant de la part contributive des correspondants dans les frais de bureau. Cet envoi est accompagné d'une lettre explicative.

475. Les Directeurs sont invités, dans l'intérêt de leur responsabilité, à prendre vis-à-vis des correspondants toutes les précautions nécessaires, tant lors de la remise qu'ils leur font des articles à réexpédier, que lorsqu'ils reçoivent d'eux des colis pour être acheminés par les services de l'Administration.

CHAPITRE IX.

RECOMMANDATIONS PARTICULIÈRES POUR PRÉVENIR CERTAINS ABUS.

476. Sous aucun prétexte, il n'est permis :

1° D'augmenter, sur les livres facteurs, les taxes ou déboursés d'articles de Messagerie à livrer à domicile, c'est-à-dire d'exiger des destinataires plus qu'il n'est légalement dû d'après les feuilles et les tarifs. Les conditions faites au départ avec l'expéditeur doivent être maintenues à l'égard du destinataire, à moins d'erreurs évidentes, et dans ce dernier cas, le destinataire doit signer sur la feuille ou le registre la rectification faite.

2° D'augmenter les déboursés d'articles en passe-debout, arrivant dans les bureaux par les services de l'Administration ou ceux des correspondants : 20 cent. seulement (*à Bordeaux et Lyon* 25 *cent.*; *à Paris* 30 *cent.*) doivent être prélevés et portés en produit sur le livre passe-debout pour couvrir les frais et la responsabilité du factage.

3° De garder et conserver la différence provenant de l'excédant des portions pour au-delà, lorsque certains articles en passe-debout sont affranchis jusqu'à destination et que les portions sont plus élevées que le tarif. Le chiffre de ces portions doit être maintenu le même sur la feuille du service qui correspond, quelle que soit la différence en trop.

4° De conserver la moindre partie du produit des factages et passe-debout, attendu que, lorsqu'un Directeur est appelé à la gestion d'un bureau, il est bien en—

tendu que tous les produits qui ne lui sont pas nominativement réservés appartiennent à l'Administration. On ne peut donc, dans un intérêt que l'on ne veut pas qualifier ici, conserver quoi que ce soit des produits sans le consentement spécial et préalable de l'Administration.

5° De faire suivre aucun déboursé aux articles expédiés de chaque bureau sans justification, et surtout d'altérer ou diminuer les taxes sur les feuilles ou sur les registres pour reporter le rabais en déboursés.

6° De grever les articles douanés d'aucuns frais non justifiés ou non autorisés par l'Administration.

7° D'appliquer en sus du port des articles livrés à domicile un factage plus élevé que celui fixé par les tarifs, quelle que soit la position des Directeurs, en ce qui concerne les produits des factages, vis-à-vis de l'Administration.

8° Enfin, d'employer à son usage personnel ou à tout autre usage les fonds remis par un expéditeur ou provenant de recouvrements ou de remboursements, lors même que l'emploi de ces fonds n'occasionnerait dans leur expédition qu'un retard de 24 heures.

477. Toute infraction à ces prescriptions constitue un abus de confiance de la part des agents et les met sous le coup de mesures très-sévères qui pourraient dans certains cas les renvoyer devant les tribunaux.

CHAPITRE X.

DE LA RESPONSABILITÉ DES AGENTS.

478. En principe, tout employé des Messageries est responsable de ses actes.

479. Il est difficile de bien préciser ici les limites de cette responsabilité. Nous croyons toutefois qu'en suivant les instructions qui précèdent, les Directeurs mettront à couvert leur responsabilité. Ils feront donc bien de les étudier et de s'y conformer.

480. On conçoit cependant qu'il est impossible de tout prévoir. Dans tous les cas, l'Administration prend une décision et la fait connaître à l'employé qu'elle concerne.

481. Quelle que soit cette décision, que l'employé soit coupable ou non, nous ne saurions trop l'engager à s'y conformer. Repousser une reprise ou un forcement fait en vertu d'une décision de l'Administration, c'est aggraver sa position. Il est bien préférable de commencer par l'accepter, sauf à exposer avec calme et clarté à l'Administration comment les choses se sont passées si l'on ne se croit pas responsable, ou si l'on a quelques motifs d'implorer sa bienveillance. Dans ces circonstances, il est rare que l'Administration ne consente à exonérer l'employé de tout ou partie de la somme laissée à sa charge; tandis que dans le cas contraire, sa décision est maintenue. On voit qu'il y a tout avantage à suivre la manière d'agir que nous indiquons.

TABLE DES MATIÈRES.

FIN.

Typ. Charles de Mourgues frères, rue J.-J. Rousseau, 8. — 5808.

Exemple nº 1.

FEUILLE DE ROUTE.

Conducteur : JACQUES. Départ *de la diligence de* BORDEAUX *pour* TARBES *le* 26 *février an* 1856 *, à* 6 *heures du* soir.

AVIS AUX DIRECTEURS DE ROUTE.

Les places de route ci-contre qui ont été retenues pour le départ de BORDEAUX du 27 février sont à donner à l'avance par les directeurs du lieu de leur destination.

	NOMBRE DE PLACES RETENUES			
	au coupé.	à l'intérieur.	à la rotonde.	à la banquette.
Pour MONT-DE-MARSAN........	1	2	»	»
Pour				
Pour AIRE....................	»	»	»	2

NUMÉROS DES PLACES.	LIEUX de DESTINATION	POR-TIONS remises aux conduc-teurs pour les AU-DELA.		POUR-BOIRES à payer aux conduc-teurs par l'admi-nistration		SOMMES PAYÉES sur les PLACES.				NOMS DES VOYAGEURS ET ENREGISTREMENT DE LEURS BAGAGES.	BAGAGES. Poids brut.	Poids à taxer	RESTANT DU sur les PLACES.		BAGAGES.		DÉBOURSES.		TOTAL.	
										COUPÉ.										
1	TARBES.			3	50					M. Champagnac, 2 places	60	»	30	»	»	»	»	»	30	»
						30	»	»	»	1 malle										
2	Id.			3	50					Dº 1 caisse / 1 carton / 1 étui										
3																				
										INTÉRIEUR.										
1	TARBES.			3	50	15	»	»	»	M. Legull, 1 place	45	15	10	»	3	10	»	»	13	10
										1 malle / 1 étui										
2	Id.			3	50					M. John, 2 places	90	30								
						50	»	6	10	2 malles.				Payé.						
3	Id.			3	50					Dº 2 sacs / 1 étui / 1 caisse										
4	Id.			3	50	»	»	»	»	M. Albeit, 1 place / venant de Nantes. 1 malle / 1 caisse	50	20	25	»	4	10	10	10	39	20
5																				
6																				
										ROTONDE.										
1	TARBES et BAGNÈRES.	1	50	3	50	20	»	»	»	M. Lefevre, 1 place. / 1 malle / 1 sac	25	»		Payé jusqu'à destination.						
2	AIRE.			2	25	8	»	»	»	M. Jeanneret, 1 place. / 1 étui	5	»	8	»	»	»	»	»	8	»
3																				
4																				
5																				
6																				
7																				
8																				
										BANQUETTE.										
1	ROQUEFORT.			1	75	6	»	»	»	M. Leblanc, 1 place. / 1 malle	25	»	6	»	»	»	»	»	6	»
2	TARBES. *désire* BAGNÈRES.			3	50	10	»	»	»	M. Vincent, 1 place. / 1 sac / 1 étui	12	»	10	»	»	»	»	»	10	»
3																				
		1	50	32	»	139	»	6	10	TOTAL DES PORTS DUS.........	89	»	7	20	10	10			106	30
										ID. DES PORTS PAYÉS........	139	»	6	10	»	»			145	10
										TOTAL GÉNÉRAL.....	228	»	13	30	10	10			251	40

DÉ

LA

ROQ

A

VOYAGEURS PRIS EN ROUTE.

| LIEUX DE | | PORTIONS remises aux conducteurs pour les AU-DELÀ | POURBOIRES à payer aux conducteurs par l'administration | SOMMES PAYÉES sur les | | NOMS DES VOYAGEURS — INDICATION DE LEURS PLACES ET ENREGISTREMENT DE LEURS PAQUETS. | BAGAGES. | | RESTANT DÛ sur les | | DÉBOURSÉS. | TOTAL. |
DÉPART.	DESTINATION			PLACES.	BAGAGES.		Poids brut.	Poids à taxer.	BAGAGES.	PLACES.		
LANGON.	TARBES.					M. Jacqmin, 1 place coupé / 1 malle / 1 étui	25	»	10 »	» »	» »	10 »
ROQUEFORT.	AIRE.	1 »	3 »	0		M. Derouet, 1 place intérieur	»	»	3 »	» »	» »	3 »
AIRE.	TARBES.	1 50	10 »	» 90		M. Devismes, 1 place intérieur / 1 malle / 1 caisse / 1 étui	40	10	Payé.			

Exemple n° 3.

FEUILLE DE VISA ET DE CONTROLE.

DILIGENCE *partie de* BORDEAUX *pour* TARBES, *le* 26 février *à* 6 heures *du* soir, *sous la conduite de* JACQUES.

VISA ET CONTROLE. Ils doivent constater à chaque bureau de passage, le lieu, le jour, l'heure du matin et du soir, des départs et des arrivées.	NOMBRE DE VOYAGEURS.				OBSERVATIONS ET RAPPORTS DE CE QUI S'EST PASSÉ DE REMARQUABLE EN ROUTE SUR LE SERVICE EN GÉNÉRAL. Recommandés au zèle des Inspecteurs, Directeurs, Contrôleurs, Employés et Conducteurs.
	Coupé.	Intérieur.	Rotonde.	Banquette.	
BORDEAUX : partie à 6 h. du soir. *(Signature.)*	2	4	2	2	
LANGON : arrivée à 9 h. 30 m. du soir. partie à 9 h. 35 m. du soir. *(Signature.)*	2 3	4 4	2 2	2 2	
BAZAS : arrivée à 10 h. 40 m. du soir. partie à 10 h. 55 m. du soir. *(Signature.)*	3 3	4 4	2 2	2 2	Attendu les chevaux du relais qui n'étaient pas prêts à être attelés.
ROQUEFORT : arrivée à 2 h. 40 m. du matin. partie à 2 h. 45 m. du matin. *(Signature.)*	3 3	4 5	2 2	2 1	
MONT-DE-MARSAN : arrivée à 4 h. 30 m. du matin. partie à 6 h. du matin. *(Signature.)*	3 3	5 5	2 2	1 1	Une roue chauffait, on a dû la remplacer. Resté une heure et demie au bureau.
GRENADE : arrivée à 7 h. du matin. partie à 7 h. 05 m. du matin. *(Signature.)*	3 3	5 5	2 2	1 1	
AIRE : arrivée à 8 h. 30 m. du matin. partie à 9 h. du matin. *(Signature.)*	3 3	5 5	2 1	1 1	
RISCLES : arrivée à 10 h. 15 m. du matin. partie à 10 h. 20 m. du matin. *(Signature.)*	3 3	5 5	1 1	1 1	
MAUBOURGUET : arrivée à 1 h. 30 m. du soir. partie à 1 h. 35 m. du soir. *(Signature.)*	3 3	5 5	1 1	1 1	
VIC-DE-BIGORRE : arrivée à 2 h. 20 m. du soir. partie à 2 h. 25 m. du soir. *(Signature.)*	3 3	5 5	1 1	1 1	
TARBES : arrivée à 4 h. 20 m. du soir. *(Signature.)*	3	5	1	1	Le relais de Vic à Tarbes a mis une heure 55 minutes pour effectuer son parcours. Les chevaux sont très fatigués.

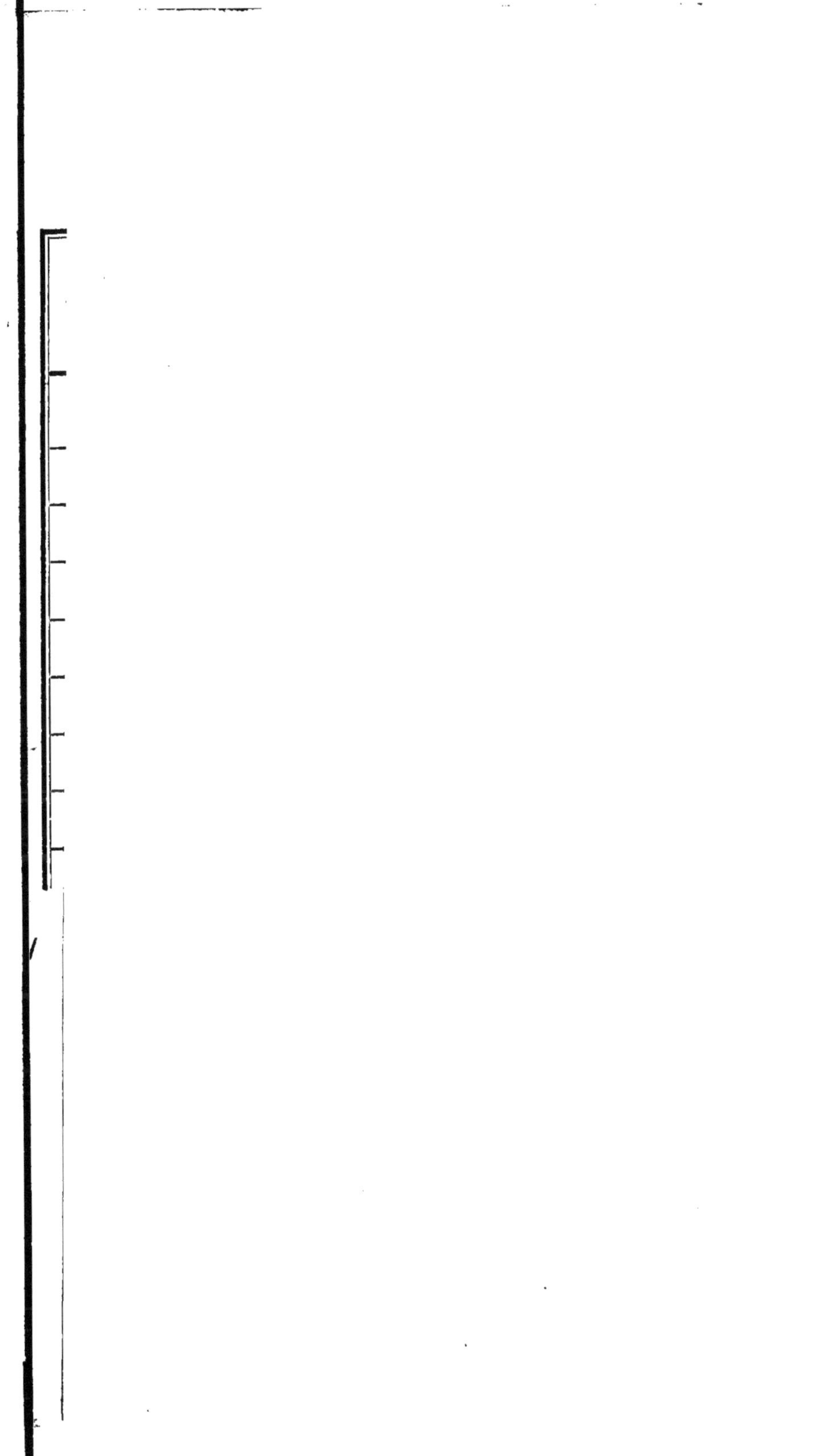

Exemple n° 4.

LIVRE D'EXPÉDITION.

NUMÉROS.	PORTIONS pour les AU-DELA.		DESTINATION.	PLACES et PORTS des paquets dus.		ENREGISTREMENT DES PLACES ET PAQUETS.	POIDS.	PLACES et PORTS des paquets dus.		DÉBOURSÉS.		TOTAL.	
	fr.	c.		fr.	c.		k.	fr.	c.	fr.	c.	fr.	c.
						DÉPART DE BORDEAUX POUR TARBES DU 26 FÉVRIER 1855, A 6 HEURES DU SOIR.							
1	»	»	TARBES.	»	»	M. Ingand, quincaillier, rue des Grands-Fossés, *une caisse quincaillerie,* par Daniel, 23, rue du Mail.	15	3	10	»	»	3	10
2	»	»	AIRE.	2	10	M. Latour, boulanger, rue de la Poste, *un paquet linges sous toile cirée,* par Lambert, rue de l'Arbre-Sec.	10	port payé.					
3	»	25	LANGON.	»	75	M. Capdeville, pharmacien, Grande-Rue, *un paquet drogues,* par Marceau, 24, rue de l'Intendance.	12	port payé et factage.					
4	» 1	20 40	BAGNÈRES-DE-LUCHON.	2	10	M. Ingand, Hôtel des Trois-Couronnes, *un paquet librairie* par Vidalin, 10, rue des Trompettes.	10	port payé jusqu'à destination.					
5	»	»	ARJUZANX par MONT-DE-MARSAN	»	»	M. Nathan, vétérinaire, *une caisse onguents,* par Marceau, 23, rue de l'Intendance, à rendre *franco* et à reprendre sur le bureau de Bordeaux.	5	»	75	»	»	»	75
6	»	»	TARBES.	»	»	M. Castau, docteur-médecin, rue des Petits-Fossés, *une bourriche plantes,* remise du C. F. venant d'Angoulême.	3	»	75	»	55	1	30
7	»	»	TARBES.	»	»	M. Larruque, maître d'hôtel, rue des Trois-Piliers, *une caisse conserves,* par Latour, venant de La Rochelle.	15	3	10	1	60	4	70

Exemple n° 5.

LIVRE DE FACTAGE.

ÉMARGEMENT POUR REÇU.		*Nota.* En tête de ce registre est la feuille destinée à recevoir les observations ou les plaintes des destinataires.	ENREGISTREMENT NATURE DES TRANSPORTS.	POIDS.	PORTS.		DÉBOURSÉS.		FACTAGE.		TOTAL.	
				k.	fr.	c.	fr.	c.	fr.	c.	fr.	c.
			BUREAU DE LAMBALLE.									
			FEUILLE DE PARIS POUR BREST, DU 25 MARS 1855, ARRIVÉE DU 26 MARS 1855.									
	2		M. Lambert, rue de la Ville, *une caisse linge,* par Révoil, venant de Paris.	10	4	10	»	»	»	30	4	40
MONCONTOUR	14		M. Retord, *un paquet sous toile cirée nouveautés,* par les Villes des France, venant de Paris.	3	1	50	»	10	»	20	1	80
	25		M\ⁱ Léveillé, bureau restant, *une caisse modes,* par elle-même, venant de Paris.	2	1	10	»	»	»	25	1	35
	27		M. Labruguière, *une bourriche gibier,* par Daniel, venant de Rennes.		Port payé et 25 factage.							
	49		Le Directeur, *un avis de service,* par l'Administration.		Service.							

Exemple n° 6.

NUMÉROS.	PORTIONS pour les AU-DELA.		DESTINATION.	PLACES et PORTS des paquets payés.		ENREGISTREMENT DES PLACES ET PAQUETS.	POIDS.	PLACES et PORTS des paquets ꝯus.		DÉBOURSÉS.		TOTAL.	
	fr.	c.			fr.		k.	fr.	c.	fr.	c.	fr.	c.
1	»	»		»	»	M. Sarrazin, la somme de *trente francs* à découvert par M. Julien.	»	»	50	»	»	»	50
2	»	»		»	»	M. Jules Lambert, pharmacien, un sac ficelé, cacheté C. D., déclaré contenir *cinq cents francs* par Charles Daniel. (510 grammes).	2	1	10	»	»	1	10
3	»	»	TOULOUSE. vᵉ 1,500 fr.	»	»	M. Lucien, horloger, 15, rue Lafayette. une boîte montres, déclarée valeur *quinze cents francs*, cachetée R. D. par Dantan. 620 grammes).	»	2	75	»	»	2	75

Exemple n° 7.

| 1 | » | » | (DESTINATION.) | » | » | M. le Directeur des Postes, ... paquets dépêches par le bureau de............. | poids | » | » | | | à régler. | |

Exemple n° 8.

| 1 | » | » | TOULOUSE. vᵉ 475 fr. 60 c. | » | » | M. le Directeur, un bordereau renfermant deux effets en recouvrement valeur *quatre cent soixante-quinze francs 60 cᵗˢ*, par le bureau de N......... | » | » | » | | | Recouvrements. | |

Exemple n° 9.

DIRECTION DE *Bordeaux*, M. *N*....., DIRECTEUR.

BORDEREAU DES EFFETS REMIS EN RECOUVREMENT
expédié le 20 *mars* 1855.

AVIS IMPORTANT. Retour, par le premier départ, des fonds et des effets refusés. N'accorder jamais plus de 3 jours de délai pour le paiement des effets sans frais. Motifs de refus. Se conformer, pour les protêts, à ce qui est indiqué au présent Bordereau et sur l'effet même; et pour le recouvrement et le retour des espèces ou des effets, aux instructions générales.

NUMÉRO d'ordre.	NATURE de L'EFFET.	DATE de l'échéance.	NOMS ET DEMEURE DE CEUX A QUI LES FONDS OU EFFETS doivent être adressés.	MONTANT de L'EFFET.		Avec ou sans frais.	NOMS des DÉBITEURS.	LIEU OU LE PAIEMENT doit être fait.
				fr.	c.			
1560	mandat	31 mars 1835	M. Jacquet, mercier, 18, rue Saint-Denis, à Bordeaux.	150	»	sans frais	Daniel	Toulouse.
1561	Id.	31 mars 1835	M. Lambert, 15, rue de l'Intendance, à Bordeaux.	325	60	protêt	Luguet	Toulouse.
			TOTAL........	475	60			

Exemple n° 10.

LIVRE DES RECOUVREMENTS.

NUMÉRO de L'EFFET.	DATE de L'ÉCHÉANCE.	LIEU OU LE PAIEMENT DOIT ÊTRE FAIT.	MONTANT de L'EFFET.		DATE de la RÉCEPTION.	DATE du RENVOI.	DÉSIGNATION et No de la Feuille d'enregistrement.	MOTIFS des RETARDS ET OBSERVATIONS.
	1855		fr.	c.	1855	1855		
1560	31 mars	Toulouse	150	»	21 mars	1er avril	Bordeaux n° 4.	
1561	31 d°	D°	235	60	21 d°	1er d°	D° n° 4.	

Exemple n° 11.

						Recouvrements							
1	»	»	PARIS. 90 fr.	»	»	*Recouvrements.* M. Jacob, mercier, 5, rue de Braque, *quatre-vingt-dix francs* à découvert, montant de l'effet n° 28500 sur Toulouse.	»	»	50	»	20	»	70
2	»	»	PARIS. vr 90 fr.	»	»	*Recouvrements.* M. Abraham, bijoutier, 4, rue du Temple, l'effet n° 27600, valeur *quatre-vingt-dix francs*, sur M. Durand, à Toulouse. Renvoyé non payé (ou protesté).	»	»	50	»	20	»	70
3	»	»	PARIS. vr 100 fr.	»	»	*Recouvrements.* M. Petit, chapelier, 10, rue Saint-Denis, la traite n° 28250, valeur *cent francs*, acceptée par M. Dupré de Toulouse.	»	»	50	»	»	»	50

Exemple n° 12.

1	»	»	PARIS. 100 fr.	»	»	*Remboursement* n° 15210. M. Petit, droguiste, 18, rue Saint-Martin, la somme de *cent francs*, montant du colis adressé à M. Daniel le 20 juin 1856.	»	»	70	»	»	»	»
2	»	30	PARIS. 150 fr.	»	70	*Remboursement* n° 16245. M. Jambu, mercier, 10, rue Grénétat, la somme de *cent cinquante francs*, montant du colis adressé à M. Lambert le 24 juin 1856.	»	Port payé et factage.
3	»	»	PARIS.	»	»	*Remboursement* n° 15620. M. Douzol, lampiste, 22, rue Vivienne, le colis lampes, adressé à M. Lafaille, contre remboursement de *cent vingt francs*. Retourné par ordre n° 615.	10	4	10	(taxe d'aller.) 4	10	8	20

Exemple n° 13.

1	»	»	PARIS. 56 fr.	»	»	M. le directeur du bureau des abonnements, un bordereau avec *cinquante-six francs* à découvert par le bureau de Nantes.	»	»	70	»	56	1	76

Exemple n° 14.

1	»	»	PARIS.	»	»	MM. les Administrateurs, un avis en remboursement de *dix francs* par le bureau de Nantes.	Service	10	»	10	»

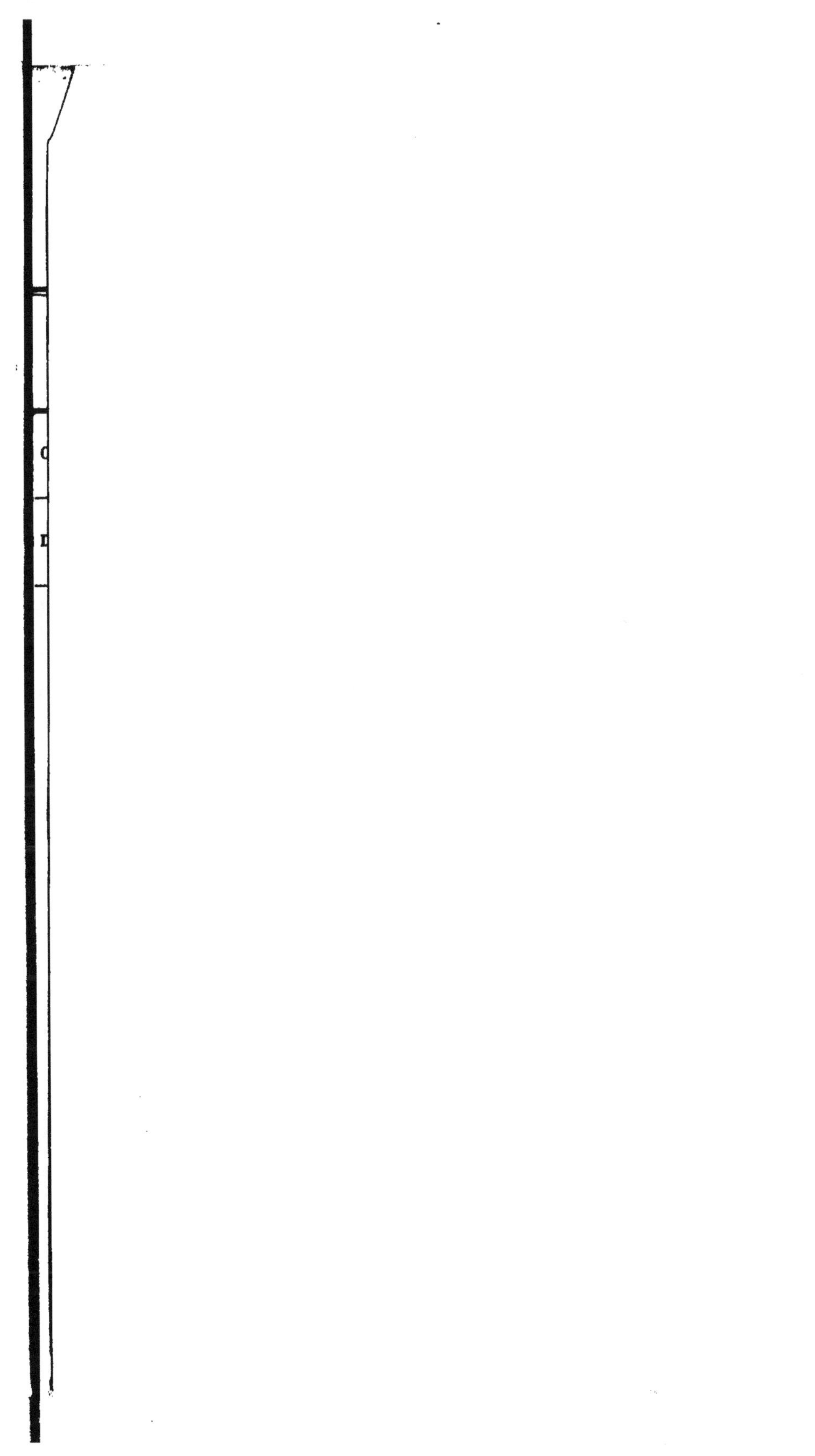

Exemple n° 15.

LIVRE D'ABONNEMENTS AUX JOURNAUX.

NOMS des JOURNAUX.	SOMMES.	L'ABONNEMENT EST FAIT		NOMS ET PROFESSIONS des ABONNÉS.	ADRESSES.	NOMS des COMMUNES.	BUREAUX DE POSTE qui desservent les communes.
		pour	à partir du				
Constitutionnel.	16 francs.	3 mois	16 avril 1856	M. Juguet, pharmacien.	15, rue de Santeuil.	Nantes.	Nantes.
Débats.	49 francs.	6 mois	16 avril 1856	M. A. Daniel, propriétaire.	La Ville-en-Bois.	Chantenay.	Nantes.

Exemple n° 16.

RÉCAPITULATION DES PRODUITS.

Produit des places............ { au départ............. 140 » ; en route............. 60 50 }	200 50	net.....	170	»
Guides a déduire..	30 50			
Produit des bagages............ { au départ............. 32 25 ; en route............. 10 50 }	....		42	75
Produit de la messagerie........ { au départ............. 260 25 ; en route............. 105 10 }	....		365	35
Total....................Fr.			578	10

Exemple n° 17.

BORDEREAU

DE RECETTE ET DE DÉPENSE DE LA DILIGENCE PARTIE
DE *Nantes*   POUR *Brest*
LE 25 *mars*   1856.

Conducteur : *JACQUES.*

	TOTAUX	
SAVOIR :	avant vérification.	après vérification.
RECETTE (POURBOIRES OU GUIDES DÉDUITS).....................................	578 10	
DÉPENSE { FRAIS DE CONDUITE............. 135 40 ; FRAIS ORDINAIRES............. 3 25 }	138 65	
EXCÉDANT DE *RECETTE*.............	439 45	

www.ingramcontent.com/pod-product-compliance
Ingram Content Group UK Ltd.
Pitfield, Milton Keynes, MK11 3LW, UK
UKHW021634170726
13836UKWH00005B/2189